全国老年大学统编教材

阅读与朗诵

主编 / 李潘

华龄出版社　商务印书馆

图书在版编目（CIP）数据

阅读与朗诵 / 李潘主编. -- 北京：华龄出版社，2024.11. -- ISBN 978-7-5169-2906-3

Ⅰ.G252.17；H019

中国国家版本馆CIP数据核字第2024584W0G号

责任编辑	程 扬 彭 博		
责任校对	张春燕	责任印制	李未圻
策　　划	华轩银时	装帧设计	魏晓舸

书　　名	阅读与朗诵	作　者	李 潘
出版发行	华龄出版社 HUALING PRESS		
社　　址	北京市东城区安定门外大街甲57号	邮　编	100011
发　　行	（010）58122250	传　真	（010）84049572
承　　印	天津鑫旭阳印刷有限公司		
版　　次	2024年11月第1版	印　次	2024年11月第1次印刷
规　　格	787mm×1092mm	开　本	1/16
印　　张	18.25	字　数	146千字
书　　号	ISBN 978-7-5169-2906-3		
定　　价	68.00元		

版权所有　侵权必究

本书如有破损、缺页、装订错误，请与本社联系调换

全国老年大学统编教材编委会

主　任　　刁海峰

副主任　　黄向阳　刘　英　李鸿芬　熊仿杰　高开华
　　　　　　王华光

委　员　　（按姓氏笔画排序）

王玉珍	尹明志	白向华	白新睿	伍　敏
任继民	刘　钢	刘凤满	安　俊	安守山
李　萍	李春华	杨文生	杨海东	何天维
张吉云	张丽华	张国茂	陈良凤	陈明辉
周　炜	周延军	袁慧波	聂晓华	徐冬云
高　洁	唐姿文	唐新平	黄　钧	黄广钦
曹　瑞	龚宁川	崔玉忠	彭初阳	蒋海鹰
傅立民	缪德良			

本书编委会

邬书林　中国出版协会第七届理事会理事长

聂震宁　韬奋基金会第四届理事长、
　　　　中国传媒大学博士生导师

刁海峰　中国老年大学协会会长、
　　　　全国老龄工作委员会专家委员、
　　　　全国老年大学统编教材编委会主任

邱华栋　中国作家协会党组成员、副主席、
　　　　书记处书记

李东华　鲁迅文学院副院长

徐　泓　北京大学新闻与传播学院常务副院长、
　　　　博士生导师

特邀朗诵示范嘉宾

斯琴高娃　王刚　张凯丽　郭凯敏　董浩
黄薇　李潘　张宏　非也　郑晓宁

编写说明

《2023年度国家老龄事业发展公报》数据显示，截至2023年年末，我国60周岁及以上老年人口29697万人，占总人口的21.1%；全国65周岁及以上老年人口21676万人，占总人口的15.4%。超过老年人总量的一半。随着医疗健康和生活水平的不断提升，我国"活力老人"的数量不断增加，需求也越来越多元化。在老有所养之上，"老有所为"正在成为活力老人群体更为关切的问题。

在一些社会组织的帮助和支持下，我们也看到越来越多富有创意的"老有所为"的项目。有活力老人组成的志愿服务队，对高龄、失能老年人和其他有特殊困难的老年人进行结对帮扶；还有很多退休老年高级知识分子重返工作岗位，自愿为师资力量不足的教育机构"补血"；还有社区"共享奶奶""花馍奶奶"等各种针对活力老人组织的社区互相活动。

满足"老有所为"对于老龄化社会来说非常重要，这让广大老年人群体不再是社会的负担，反而成为增强社会和经济活力的重要源泉。在这一过程中，全国各地的老年大学发挥了非常重要的作用。为进一步促进老年人参与社会活动与服务，扩大面向老年人的教育资源供给。2021年，《中共中央 国务院关于加强新时代老龄工作的意见》发布，提出"将老年教育纳入终身教育体系""鼓励有条件的高校、职业院校开设老年教育相关专业和课程，加强学科专业建设与人才培养，编写老年教育相关教材"。本书是全国老年大学统编教材之一。

随着"开展全民阅读活动"历史性地写入党的十八大报告，全民阅读已成为党中央的一项重要战略部署。对很多老年人来说，阅读不仅是乐趣和享受，更是有助于锻炼认知能力、保持心理健康、对抗生活孤独感的精神疗愈。而朗诵是阅读最直接的输出和分享方式，社区或机构组织群体活动，通常会将阅读与朗诵结合起来，让活动形式更加丰富多彩，内容也更有吸引力和影响力。

为满足组织活动的需求，《阅读与朗诵》将阅读方法指导与经典诵读示范结合起来，邀请知名行业专家，精选适合老年人阅读和朗诵的作品，并邀请知名艺术家为读者做朗读示范，致力于打造一套极具创新力的老年大学教材——既有作品的赏析和示范，又有活动组织流程与方法的指导，将文本、多媒体展示与新媒体传播进行多维度融合，冀望能满足线上、线下多种形式的教学活动，力图为全民阅读呈现精彩的"悦读"华章。

在此，编写组对为本套教材出版而辛勤付出的专家们表示衷心的感谢，期待《阅读与朗诵》可以作为一个良好的起点，为全国各地的老年朋友带去声情满满的活力与丰盈的精神享受。

老年大学统编教材《阅读与朗诵》编写组

目 录

第一章 漫谈阅读与朗诵 / 001

第一节 阅读与朗诵，开启精神世界之门 / 003

第二节 阅读，精神的滋养与现实的改变 / 007

第三节 朗诵，艺术创作与自我疗愈 / 012

第四节 阅读与朗诵相融，绽放艺术光彩 / 019

第二章 阅读，挖掘人类精神宝藏 / 033

第一节 走近阅读 / 035

第二节 阅读的方法 / 043

    一、朱子读书法 / 043

    二、常用的读书方法 / 050

    三、阅读的辅助技巧 / 056

第三节 阅读示范 / 063

第四节 数字时代的阅读 / 068

一、走近数字阅读 / 068

二、善用数字化工具 / 073

三、网络信息甄别 / 075

第三章 朗诵，创作语言艺术佳品 / 081

第一节 走近朗诵 / 083

第二节 朗诵技法 / 087

一、气息控制 / 088

二、共鸣控制 / 101

三、吐字归音 / 116

四、语言技巧 / 139

五、身体语言管理 / 172

第三节 不同文体的朗诵技巧 / 184

一、诗词的朗诵技巧 / 184

二、散文的朗诵技巧 / 197

三、小说的朗诵技巧 / 206

四、寓言和童话的朗诵 / 215

第四节 朗诵与其他艺术形式的融合 / 222

一、相融：朗诵与声乐艺术的结合 / 224

二、相宜：朗诵与书画艺术 / 235

三、相辅：朗诵与舞蹈艺术 / 240

四、相辅相成：朗诵与戏剧艺术 / 247

第四章　让阅读与朗诵点亮生活 / 259

第一节　家庭共读 / 261

第二节　线下共读活动 / 268

　　一、活动种类 / 269

　　二、活动筹备 / 270

　　三、作品选择 / 273

第三节　线上读书会 / 277

第一章 漫谈阅读与朗诵

第一节　阅读与朗诵，开启精神世界之门

人类是具有智慧和理性，能够进行思考、感知、体验和互动的生命体。大约7万到3万年前，人类的语言能力逐渐发展，开始使用抽象符号进行思考和沟通，进而发展出新的思维方式。语言能力的巨大提升，使得人类可以进行更为复杂的思想交流和表达，促进了人类的协作和交流，推动了人类文明的进步和发展。文字的产生则是人类文明发展的另一个重要里程碑。文字的出现，使人类能够更为便捷地进行记录和传承知识，形成文化传承的连续性，为人类文明的积累和发展提供了基础保障。

阅读行为是人类提取世代保存下来的文字信息的方式，它让人们超越时空和地域的限制，了解人类自身的历史，进行广泛的思想文化交流。通过阅读，人们可以获取新的知识和技能，提高自身的素质和能力，从而更好地适应社会发展的需要。同时，阅读也能激发人们的

创造力，推动社会的进步和创新。阅读也是一种精神享受，能够丰富人们的精神生活。通过阅读，人们可以体验到各种不同的情感和思想，从而获得愉悦和满足。

如果说阅读是人们通过获取文本信息进行学习知识、体验情感与充实思想的重要手段，朗诵则是在阅读作品的基础上，将无声的文字转化为有声语言的一种创作活动。在古代，人们经常通过朗诵诗歌来表达情感、传递信息、传承文化，用韵律、节奏和音调来表达情感。随着时间的推移，朗诵逐渐发展成为一种独立的艺术形式，也成为一种重要的语言教育和文化传承方式。

阅读和朗诵的发展历史与人类文化的发展紧密相关，这两者之间也存在极强的互动关系：通过阅读，我们可以深入理解文本的内涵和意义，提高自己的文学素养和思维能力，更好地掌握语言表达技巧；通过朗诵，我们可以更好地感受文本的韵律和节奏，增强语感，还可以增强对文本的理解力，提升语言表达的准确性，从而有助于阅读能力的提升。良好的阅读能力也有助于我们能更好地选择朗诵作品，因为对朗诵作品的甄选能力，是建立在对作品的理解和品鉴能力基础之上的。总体来说，阅读帮助我们在文化知识的海洋中探寻和输入，朗诵帮助我们以艺术的方式将内化的文化作品表达和输出，二者相得益彰。

要充实和丰富精神生活，学习阅读和朗诵是最直接有效的方式之一，且阅读和朗诵于老年人的生活大有裨益，主要体现在以下几点。

·保持和强化认知能力：随着年龄的增加，老年人的认知能力、记忆力都呈现不可避免的退行现象。学习与练习阅读和朗诵，可以帮助老年人持续增加词汇量，提高语言表达能力和听力理解能力，锻炼记忆力和思维能力，从而有效减缓认知衰退的速度。

·缓解情绪压力：通过阅读和朗诵，老年人可以体验到不同的人物和情感，丰富和充实精神世界；广泛的阅读可以增强老年人思考人生、社会和宇宙、存在哲思等问题的深度和广度，也可以更好地了解自己的内心世界，增强自我认知，完善老年人对自己的价值定位。这些对精神世界的充实，可以有效缓解老年人因为衰老带来的情绪压力和虚无感，大大提高晚年生活品质。

·拓宽认知，提升审美：通过阅读和朗诵深入学习文学作品，可以了解不同国家、不同地区的文化艺术特色，了解不同时期的人文历史风貌，从而拓宽认知，还可以领悟文学作品中的人性和智慧。朗诵文学作品，往往需要对作品反复揣摩，以便更好地理解作品中的隐喻和象征，这些都有助于老年人打开思维的深度，让老年人在语言、文化、认知、审美等多个方面得到提升。

· 促进社交互动：阅读和朗诵可以成为老年人社交活动的一种方式，扩大社交圈子，提高社交能力。在阅读和朗诵的过程中也可以让老年人更好地了解他人，增强人际交往能力。

学习阅读和朗诵对老年人的身心健康、认知能力、语言能力、生活社交等方面都有很大的帮助，阅读和朗诵不仅是开启精神世界大门的钥匙，而且能帮助老年人插上思想的翅膀，超越时空限制，有深度地体验和理解世界，提高老年人的精神生活质量和幸福感。那么，老年人学习阅读和朗诵需要注意哪些问题呢？以下是一些建议。

· 挑选适合自己的作品：要根据自己的兴趣和能力，选择适合自己阅读或朗诵的作品，如新闻、故事、小说、诗歌等。

· 注重质量而非数量：不要过于追求速度和数量，应该注重作品的质量，而且要理解作品的内容和意义。

· 合理制订计划：可以制订一个合理的计划，安排每天学习阅读和朗诵的时间，并确保能够坚持执行。

· 保持积极的心态：要保持积极的心态，相信自己，不要轻易放弃。

· 多多参与分享：可以参加一些共读会或朗诵

会，与其他读者交流学习心得和经验，分享自己的见解和看法，如此会让自己的学习进展更快。

·借助辅助工具：可以使用一些辅助工具来帮助自己更好地阅读和朗诵，如放大镜、听书设备等。

总之，学习阅读和朗诵需要掌握正确的方法和技巧，同时也要保持积极的心态和学习动力，才能真正受益于阅读和朗诵。接下来在后面的章节，我们再分别谈谈何为阅读和朗诵，以及如何更好地学习阅读和朗诵。

第二节　阅读，精神的滋养与现实的改变

"仓颉造字，天雨粟，鬼夜哭。"文字的出现，标志着人类开始拥有自我意志，从自然中独立出来，成为改造自然的独特群体。我国早期用文字进行书写的内容，多是记载邦国大事的铭文和经史典册，现存最早的史书《尚书》中，有"惟殷先人，有册有典"的记载。有了文字，也就有了阅读，与早期文字相对应的阅读活动，也限于特定的阶层，与文化的保存、学习和传承密不可分。直到春秋时期，孔老夫子提出"有教无类"，再到秦始皇统一中国，下令"书同文、车同轨"，阅读文章典籍的行为逐渐由王室贵族的特权发展成为士人之学，中华民

族更有了"耕读传家"的传统。

到如今，阅读已不仅仅是承继千百年流传下来的家风传统，全民阅读更上升为国家发展战略。自 2014 年起，全民阅读连续 10 年写入《政府工作报告》；2021 年，《中华人民共和国国民经济和社会发展第十四个五年规划和 2035 年远景目标纲要》明确提出——"深入推进全民阅读，建设书香中国"。

阅读是一种涵盖了思想、情感、文化等多方面综合体验的行为，它可以影响和改变人们的思维方式、价值观甚至行为习惯，也是通往自我提升和卓越发展的重要途径。

阅读是一种认知方式。通过阅读，我们可以获取大量的知识、信息和经验，从而拓展思维和视野。阅读可以让我们了解到不同的观点、思想和文化，帮助我们更好地理解和应对生活中的问题。阅读也可以让我们更加深入地了解自己，帮助我们发掘自己的潜力和特长，也帮助我们更好地认识自己和这个世界的关系。

阅读是一种情感体验。在阅读中，我们可以体验到各种不同的情感，如喜悦、悲伤、愤怒、绝望等。阅读让我们有机会与书中的人物产生共鸣，可以学习到如何与他人共情和理解他人的情感，从而学习如何理解和表达自己的情感，提升我们的情感表达能力，也更加敏锐地感知周围的世界。

阅读是一种文化体验。在阅读中，我们可以了解到各种不同的文化，包括历史、地理、宗教、艺术等。阅读可以让我们了解到不同文化之间的差异和共同点，帮助我们更好地理解和尊重不同的文化。通过阅读，我们可以学习到不同文化的传统和价值观，从而增强我们的文化素养和跨文化交流能力，体验更加丰富多彩的人生。

每个人的阅读体验和感受都是不同的，因为每个人的兴趣爱好、经验和背景都是不同的。每个人都可以按照自己的需求和兴趣进行选择，从而更好地满足自己的学习和娱乐需求。在阅读的过程中，我们可以沉浸在文字和情节中，感受心灵的愉悦和放松，与其他娱乐方式不同，阅读可以让我们在身心放松的同时，增加自己的知识和思想深度，获取更多的知识和经验，从而更好地应对生活中的挑战。

阅读是一件需要长期坚持的事情，如何才能在日常生活中保持阅读的好习惯呢？以下是一些方法和建议。

· 制订阅读计划：在每星期或每月制订一个阅读计划，包括阅读的书籍、时间和目标，这样可以帮助我们更有计划地进行阅读，避免拖延和浪费时间。每天保留一定时间进行阅读，不管是早上、中午还是晚上，这样可以帮助我们养成阅读的习惯，同时也能有效地利用碎片时间。

·寻找阅读的场所：一个舒适的阅读场所可以让我们更加专注地投入阅读，提高阅读效率和质量。这个地方可以是家里，可以是图书馆、社区活动中心或读者俱乐部，可以是自我独处的阅读空间，也可以是一个兴趣小组或群体。在阅读群体里，更方便与他人分享阅读体验和感受，借助他人的意见和建议，更好地拓展自己的阅读视野和认知。

·确定自己的阅读喜好：寻找适合自己的书籍类型和主题，从而更好地享受阅读的过程。例如，将阅读与自己的兴趣爱好相结合（旅游、美食、艺术等相关的书籍），可以更好地提高阅读的兴趣和效果。

·保持好奇心：好奇心可以激发我们的求知欲和探索精神，让我们更加渴望获取新的知识和经验，从而更加积极地进行阅读。我们可以选择不同的领域和主题，从而拓展自己的阅读领域和视野，不断挑战自己的认知和思考能力。同时，尝试阅读不同类型、不同主题的书籍，例如诗歌、小说、传记等，这可以让我们的阅读更加多元和丰富。

·记录阅读心得和感受：记录阅读心得和感受不仅可以帮助我们更好地记忆和理解所读内容，还可以让我们更深入地思考和探索。

意识到阅读对生活的重要性，可以让我们更加珍惜阅读的时间和机会。不过阅读也需要适度，不要过度阅读导致疲劳和失去兴趣，可以适当休息，调整阅读时间和阅读量。总之，保持阅读习惯需要一定的自觉性和计划性，我们可以根据自己的情况和需求制订适合自己的阅读计划和方法，从而在日常生活中享受阅读的乐趣并不断提升自己，最终潜移默化地给生活带来一些有利的变化。

我们可以从"列出自己的阅读书单"开始，开启阅读之旅。试着参考下面的步骤，列一张自己的阅读书单。

- 确定你的兴趣领域，列出关键词：从任何一个感兴趣的话题或领域开始，列出关键主题或关键字，可以是热点话题、作品类型、作者名字或你的核心兴趣点。

- 寻找书籍：通过关键字的筛选，在图书馆、书店或线上书店等途径寻找书籍，圈定自己计划阅读书目的范围。

- 创建和更新书单：将符合标准的书籍添加到书单中，可以使用电子表格或纸质笔记本来创建书单；随着阅读书籍数量的不断增加，书单也可以不断变化和扩展。

・与人分享：可以将书单与朋友、家人或同事分享，展开交流和讨论，从而获取更丰富的讯息。

只要付诸行动，相信不用太久就可以感受到阅读带来的积极变化，让我们把阅读融入生活之中，让阅读成为一种生活方式吧。

第三节　朗诵，艺术创作与自我疗愈

朗诵是自古以来，中国文人墨客最喜闻乐见的阅读表现形式之一。宋代大文豪苏轼在《赤壁赋》中便有这样的诗句："举酒属客，诵明月之诗，歌窈窕之章。"描述了文人好友交游聚会，兴之所至，举杯敬酒，更要朗诵与吟唱诗篇来助兴的场景。

在《说文解字》中，"朗"的意思是明朗、清晰，而"诵"的意思是背诵、朗读，"朗诵"一词的含义是指清晰地背诵或朗读。这也是朗诵作为一种语言艺术表演形式的基本特点之一，即通过清晰、流畅、准确的语言表达，将作品的思想和情感传达给听众。

朗诵是将书面的文字作品转化为有声的语言的过程，是语言的艺术创作。朗诵是一种历史悠久的艺术形式，它既可以是一种外在的表演，也可以作为自我的疗愈与充电。在这个日新月异的时代，经典作品既可以帮助我们传承过去，也可以助益我们理解当下。可以说，生活越是浮躁忙碌，越是需要诵读经典，因为经典作品是经过时间长河大浪淘沙后传承下来的精品。当我们全心投入去朗诵这些经典作品时，仿佛是在经历一场时间的旅行，穿越时空的藩篱，与先贤握手，将我们的心灵净化洗涤，令我们感受到精神世界的充实和富足。

比如《诗经》，作为中国古代诗歌的开端、最早的一部诗歌总集，其内容之广博，涉及政治、经济、天文、地理、民俗、礼仪，甚至动物、植物等多个领域，堪称是一部诗意的百科全书。朗诵《诗经》，可以让我们了解属于那个时代的生活和变迁，与古人的心灵碰撞，体验他们的思想和情感。"关关雎鸠，在河之洲。窈窕淑女，君子好逑"让我们体会到了男子追求心爱女子的真挚情感，感动于"悠哉悠哉，辗转反侧"的纯真与美好。

关雎
先秦·佚名

关关雎鸠，在河之洲。窈窕淑女，君子好逑。
参差荇菜，左右流之。窈窕淑女，寤寐求之。

求之不得，寤寐思服。悠哉悠哉，辗转反侧。
参差荇菜，左右采之。窈窕淑女，琴瑟友之。
参差荇菜，左右芼之。窈窕淑女，钟鼓乐之。

另外还有《古诗十九首》，这是由汉代文人创作并被南朝萧统选录编入《文选》的十九首诗的统称，诗以句首标题，有《行行重行行》《青青河畔草》《涉江采芙蓉》《迢迢牵牛星》等，被认为是最古的五言诗，对后世五言诗的创作影响深远。这十九首古诗的语言朴素自然，生动真切，"温柔敦厚""怨而不怒"，抒发了人生无常、离别、相思、乡愁等人生最基本、最普遍的情感和思绪，技巧上也臻于成熟，用典丰富，被古代著名文学理论家刘勰称为"五言之冠冕"。朗诵古诗十九首，犹如在古代时空中畅游，既能领略古代文学经典之魅力，又能作为一个表达者，感受穿越千年却亘古不变的人文情怀。

行行重行行
汉·佚名

行行重行行，与君生别离。相去万余里，各在天一涯。

道路阻且长,会面安可知。胡马依北风,越鸟巢南枝。

相去日已远,衣带日已缓。浮云蔽白日,游子不顾反。

思君令人老,岁月忽已晚。弃捐勿复道,努力加餐饭!

再到古典文学的巅峰唐诗宋词,名家经典作品更是数不胜数。朗诵李白的佳作《蜀道难》,让我们身临其境,看到了蜀道的峥嵘、崎岖,感受到其铺天盖地的磅礴气势,从而被祖国大好河山的雄伟壮丽所震撼。李白那放荡不羁的语言风格,豪放洒脱的情感内涵,通过朗诵者抒发出来,也深深激荡着朗诵者和听者的心灵。

蜀道难
唐·李白

噫吁嚱,危乎高哉!蜀道之难,难于上青天!蚕丛及鱼凫,开国何茫然!尔来四万八千岁,不与秦塞通人烟。西当太白有鸟道,可以横绝峨眉巅。地崩山摧壮士死,然后天梯石栈相钩连。上有六龙回日之高标,下有冲波逆折之回川。黄鹤之飞尚不得过,猿猱欲度愁攀援。青泥何盘盘,百步九折萦岩峦。扪参历井仰胁息,以手抚膺坐长叹。

问君西游何时还?畏途巉岩不可攀。但见悲鸟号古木,雄飞雌从绕林间。又闻子规啼夜月,愁空山。蜀道之难,难于上青天,使人听此凋朱颜!连峰去天不盈尺,枯松倒挂倚绝壁。飞湍瀑流争喧豗,砯崖转石万壑雷。其险也如此,嗟尔远道之人胡为乎来哉!

剑阁峥嵘而崔嵬,一夫当关,万夫莫开。所守或匪亲,化为狼与豺。朝避猛虎,夕避长蛇;磨牙吮血,杀人如麻。锦城虽云乐,不如早还家。蜀道之难,难于上青天,侧身西望长咨嗟!

再到现当代,如毛泽东的《沁园春·雪》,朗诵者应当让听众如临现场,在宽广辽阔、景色壮丽的北国风光图中感受到伟人的气势磅礴、胸怀壮阔!朗诵者想要达到这样的艺术效果,需要在日常生活中加强自己的艺术修养,培养自己的审美情趣,广泛地欣赏艺术作品,反复体会朗诵名家的创作,不断学习、领悟,最终形成自己深刻的艺术见解,塑造出独到的创作风格,带给听众耳目一新的美好感受。

沁园春·雪

毛泽东

北国风光，千里冰封，万里雪飘。望长城内外，惟余莽莽；大河上下，顿失滔滔。山舞银蛇，原驰蜡象，欲与天公试比高。须晴日，看红装素裹，分外妖娆。

江山如此多娇，引无数英雄竞折腰。惜秦皇汉武，略输文采；唐宗宋祖，稍逊风骚。一代天骄，成吉思汗，只识弯弓射大雕。俱往矣，数风流人物，还看今朝。

学习和练习朗诵的过程，也是我们在浩如烟海的艺术经典中提升自我、感染他人、传承璀璨文化的过程。仅仅是口齿清晰、发音标准的有声阅读也不等同于朗诵，朗诵作为艺术创作，包含着理解书面语言、掌控有声语言、驾驭细腻情感等多方面能力，是一门需要学习、理解和不断实践的技艺。那么想要成为一名优秀的朗诵者，应该培养哪些方面的能力呢？

• 文本的理解力：朗诵者应当对自己要朗诵的文字作品有着深刻的理解，对其内在逻辑进行分析，能够感受其情感内核。对作品理解不透彻，会让朗诵的过程缺乏深度，使朗诵的文字失去力量；对朗诵作品的内在逻辑把握不准，会让朗诵的过程失去重点，进而失去朗诵的节奏感；而对朗诵作品的情感方面失去感受，会让朗诵者无法调动出自己的情感，进而失去了朗诵应有的艺术魅力，变成了机械地复读背诵。总体来说，朗诵者对于朗诵作品的全面理解、深刻认知、情感认同，是掌握朗诵技艺的基石。

·声音的表达力：朗诵者是以自己的声音为介质"器具"进行艺术创作，对于声音的训练是朗诵技艺的基本功。"工欲善其事，必先利其器"，掌握驾驭声音的基本技巧，不断提高语言的表现力，将停顿、连读、重音、节奏、语气、语调、情感、色彩等朗诵技巧融会贯通，能够让朗诵者创作出具有艺术感染力的朗诵艺术作品。

·艺术修养和审美情趣：艺术修养的提升有助于朗诵者更好地理解和把握作品，也更善于选择作品。艺术修养的积累有助于朗诵者丰富自身的文化底蕴，通过了解不同地域、不同民族的文化传统和艺术特色，朗诵者能够更好地把握作品的风格和情感，打造极具个性魅力和富有艺术感染力的表演。

·丰富的想象力和创造力：一个成功的朗诵作品，需要让观众对朗诵者的表达产生强烈的共鸣，同时也启发着观众的想象和再创造。这需要朗诵者发挥极大的创造力和想象力,通过声音、表情、肢体语言等多方面的表现来完成。

由此可见,想要成为一名优秀的朗诵者,需要付出时间和精力,不断深入学习和练习。但是,朗诵的收获却不仅仅是在完成表演的那一刻,而是在不断琢磨作品和训练的过程中,与作品、作者深入理解和交融的过程中,可能时时刻刻都有着新的发现和新的收获。因此,把朗诵作为一项爱好,与阅读一起融入日常生活中,体会与经典同频共振的喜悦吧!

第四节 阅读与朗诵相融,绽放艺术光彩

阅读和朗诵是紧密相关的两个部分,能够共同促进我们对语言文学的理解和欣赏,提高综合语言能力。朗诵需要基于原著作品,在艺术加工和情感表达上忠于原著。要实现这一点,必须通过深入阅读对原著作品有深刻的理解,认真分析原著,对作品的内容主旨和思想感情产生深深地认同,将作者的思想转化为自己的思想,将作者的情感转化为自己的情感。阅读是朗诵的基础,朗诵和阅读也可以是一个阶梯式的呈现——朗诵可以成

为阅读更高级形式的表达，通过朗诵将阅读成果"绽放"出来；通过朗诵的准备和练习过程，进而提高阅读能力，提升欣赏水平，将艺术进行再创作。我们可以利用阅读和朗诵的互动关系，将两者有机融合，齐头并进，最大程度地绽放作品的艺术光彩。

将阅读和朗诵融合起来，会让我们在选择作品时，多一个视角和尺度，不仅会考虑自己的兴趣方向，也会考量自己表演层面的个人特点和擅长的风格。例如，男性读者可能难以阐释甜美的情诗，而女性读者则囿于共鸣腔的空间有限，可能对气势磅礴的作品力有不逮。不过这也不是绝对的，我们一并挑选了两首同样都是抒发爱国情怀的作品，读者可以通过朗诵，去感受其中表演风格和力量的差异。

总之，当我们同时作为阅读者和朗诵者时，既需要深入分析文本的内容和情感，又要了解自己的特点，结合朗诵的场合和听众特质，奉献出有血有肉、内容丰满的朗诵作品，给听众带来美的享受和思想的回味。

怒吼吧，黄河
（黄河大合唱第八乐章）

光未然

听啊

珠江在怒吼

扬子江在怒吼

啊！黄河

掀起你的怒涛

发出你的狂啸

向全中国被压迫的人民

向着全世界被压迫的人民

发出你战斗的警号吧

怒吼吧！黄河

怒吼吧！黄河

怒吼吧！黄河

掀起你的波涛，

发出你的狂叫，

向着全世界的人民，

发出战斗的警号！

五千年的民族苦难真不少！

铁蹄下的民众，

苦痛受不了！
但是，
新中国已经破晓；
四万万五千万民众已经团结起来，
誓死同把国土保！
你听，你听，
松花江在呼号；
黑龙江在呼号；
珠江发出了英勇的叫啸；
扬子江上燃遍了抗日的烽火！
啊！黄河！
怒吼吧，
怒吼吧，
怒吼吧，
向着全中国受难的人民，
发出战斗的警号！
向着全世界劳动的人民，
发出战斗的警号！
向着全世界劳动的人民，
发出战斗的警号！
向着全世界劳动的人民，

发出战斗的警号!
向着全世界劳动的人民,
发出战斗的警号!

祖国啊,我亲爱的祖国
舒 婷

我是你河边上破旧的老水车,
数百年来纺着疲惫的歌;
我是你额上熏黑的矿灯,
照你在历史的隧洞里蜗行摸索
我是干瘪的稻穗,是失修的路基;
是淤滩上的驳船
把纤绳深深
勒进你的肩膊,
祖国啊!

我是贫困,
我是悲哀。
我是你祖祖辈辈
痛苦的希望啊,
是"飞天"袖间

千百年未落到地面的花朵，
祖国啊！

我是你簇新的理想，
刚从神话的蛛网里挣脱；
我是你雪被下古莲的胚芽；
我是你挂着眼泪的笑涡；
我是新刷出的雪白的起跑线；
是绯红的黎明
正在喷薄；
祖国啊！

我是你的十亿分之一，
是你九百六十万平方的总和；
你以伤痕累累的乳房
喂养了
迷惘的我、深思的我、沸腾的我；
那就从我的血肉之躯上
去取得
你的富饶、你的荣光、你的自由；
祖国啊，
我亲爱的祖国！

第一章 漫谈阅读与朗诵

将阅读和朗诵融合起来，充分的阅读深度就可以作为朗诵的前奏。朗诵中各种艺术技巧的运用十分重要，但如果没有忠实于原著作品的宝贵的情绪感受，朗诵就会变成单纯的炫耀技艺的语言游戏，空有艺术形式，却失去了传情达意的宗旨。我们要利用精读作品的方法，深入了解作者的人生经历、时代背景、思想历程、情感倾向等，这对我们深入理解作品并更准确、完整地传达作品的情绪、情感、志向等，有至关重要的作用。

例如，《醉花阴·薄雾浓云愁永昼》是宋代有"千古第一才女"之称的词人李清照所作，通过描述作者重阳节把酒赏菊的情景，烘托了一种凄凉寂寥的氛围，表达了作者思念丈夫的孤独与寂寞的心情，通篇含蓄深沉，言有尽而意无穷，历来广为传诵。《念奴娇·赤壁怀古》是宋代诗文名家苏轼被贬黄州时所作，他到任时已年近半百，面对政治失意，怀古思今，写下了这首词。全词借古抒怀，雄浑苍凉，大气磅礴，笔力遒劲，境界宏阔，将写景、咏史、抒情融为一体，给人以撼魂荡魄的艺术力量，被誉为"古今绝唱"。两位作者同是表达胸中寂寥失意之情，可以通过朗诵对比，细细体会两首作品所表达的情绪感受和风格差异。

醉花阴·薄雾浓云愁永昼
宋·李清照

薄雾浓云愁永昼，瑞脑销金兽。佳节又重阳，玉枕纱厨，半夜凉初透。

东篱把酒黄昏后，有暗香盈袖。莫道不消魂，帘卷西风，人比黄花瘦。

念奴娇·赤壁怀古
宋·苏轼

大江东去，浪淘尽，千古风流人物。故垒西边，人道是，三国周郎赤壁。乱石穿空，惊涛拍岸，卷起千堆雪。江山如画，一时多少豪杰。

遥想公瑾当年，小乔初嫁了，雄姿英发。羽扇纶巾，谈笑间，樯橹灰飞烟灭。故国神游，多情应笑我，早生华发。人生如梦，一尊还酹江月。

将阅读和朗诵融合起来，广泛阅读，日常积累，将同类素材分析比较，深入研究，这样才能更加清晰准确地把握作品的主题和情感基调。举例来说，茅盾的《雷雨前》创作于1934年，描写了夏日的闷热难耐和暴雨将至的情景。作者运用了象征手法，表现了革命力量与反动势力、黑暗势力的对抗和搏斗。《雷雨前》着重渲染了革命尚未到来之前，社会现状极其压抑，每个人的内心都呼喊着、渴望着一场革命的暴风雨能够彻底推翻压抑的旧世界。想要将此篇的思想和内涵通过朗诵淋漓尽致地表达出来，需要我们对其主题和情感基调有深刻把握。这就用到了"主题阅读"的方法，有阅读积累的读者可能很快就能想到将高尔基的名篇《海燕》与之对比参照。《海燕》同样使用了象征的手法，歌颂了革命者无所畏惧的斗争精神，充满热情、积极乐观的革命精神，其情感内含着革命必将获得胜利的坚定信念。在两篇作品的结尾，都热情饱满地期盼着革命暴风雨的到来，都满怀激情地召唤着革命风暴。对《海燕》的阅读和挖掘，能够帮助朗诵者更好地把握相同主题的《雷雨前》。

雷雨前

茅　盾

清早起来，就走到那座小石桥上。摸一摸桥石，竟像还带点热。昨天整天里没有一丝儿风。晚快边响了一阵子干雷，也没有风，这一夜就闷得比白天还厉害。天快亮的时候，这桥上还有两三个人躺着，也许就是他们把这些石头又困得热烘烘。

满天里张着个灰色的幔。看不见太阳。然而太阳的势力好像透过了那灰色的幔，直逼着你头顶。

河里连一滴水也没有了，河中心的泥土也裂成乌龟壳似的。田里呢，早就像开了无数的小沟——有两尺多阔的，你能说不像沟么？那些苍白色的泥土，干硬得就跟水门汀差不多。好像它们过了一夜工夫还不曾把白天吸下去的热气吐完，这时它们那些扁长的嘴巴里似乎有白烟一样的东西往上冒。

站在桥上的人就同浑身的毛孔全都闭住，心口泛淘淘，像要呕出什么来。

这一天上午，天空老张着那灰色的幔，没有一点点漏洞，也没有动一动。也许幔外边有的是风，但我们罩在这幔里的，把鸡毛从桥头抛下去，也没见他飘飘扬扬踱方步。就跟住在抽出了空气的大筒里似的，人张开两臂用力行一次深呼吸，可是吸进来只是热辣辣的一股闷。

汗呢，只管钻出来，钻出来，可是胶水一样，胶得你浑身不爽快，像结了一层壳。

午后三点钟光景，人像快要干死的鱼，张开了一张嘴，忽然天空那灰色的幔裂了一条缝！不折不扣一条缝!像明晃晃的刀口在这幔上划过。然而划过了,幔又合拢跟没有划过的时候一样,透不进一丝儿风。一会儿,长空一闪,又是那灰色的幔裂了一次缝。然而中什么用?

像有一只巨人的手拿着明晃晃的大刀在外边想挑破那灰色的幔,像是这巨人已在咆哮发怒;越来越紧了,一闪一闪满天空瞥过那大刀的光亮,隆隆隆,幔外边来了巨人的愤怒的吼声。

猛可地闪光和吼声都没有了,还是一张密不通风的灰色的幔。

空气比以前加倍闷!那幔比以前加倍厚!天加倍黑!

你会猜想这时那幔外边的巨人在揩着汗,歇一口气;你断得定他还要进攻。你焦躁地等着,等着那挑破灰色幔的大刀的一闪电光,那隆隆隆的怒吼声。

可是你等着,等着,却等来了苍蝇。它们从龌龊的地方飞出来,嗡嗡的,绕住你,钉你的涂一层胶似的皮肤。戴红顶子像个大员模样的金苍蝇刚从粪坑里吃饱了来,专拣你的鼻子尖上蹲。

也等来了蚊子,哼哼哼地,像老和尚念经,或者老秀才读古文。苍蝇给你传染病,蚊子却老实要喝你的血呢！

你跳起来拿着蒲扇乱扑，可是赶走了这一边的，那一边又是一大群乘隙进攻。你大声叫喊，它们只回答你个哼哼哼，嗡嗡嗡！

外边树梢头的蝉儿却在那里唱高调："要死哟！要死哟！"

你汗也流尽了，嘴里干得像烧，你手脚也软了，你会觉得世界末日也不会比这再坏！

然而猛可地电光一闪，照得屋角里都雪亮。慢外边的巨人一下子把那灰色的慢扯得粉碎了！轰隆隆，轰隆隆！他胜利地叫着。胡——胡——挡在慢外边整整两天的风开足了超高速度扑来了！蝉儿噤声，苍蝇逃走，蚊子躲起来，人身上像剥落了一层壳那么一爽。

霍！霍！霍！巨人的刀光在长空飞舞。

轰隆隆，轰隆隆，再急些，再响些罢！

让大雷雨冲洗出个干净清凉的世界！

海 燕

[俄] 高尔基

在苍茫的大海上，狂风卷集着乌云。在乌云和大海之间，海燕像黑色的闪电，在高傲地飞翔。

一会儿翅膀碰着波浪，一会儿箭一般地直冲向乌云，它叫喊着，——就在这鸟儿勇敢的叫喊声里，乌云听出了欢乐。

在这叫喊声里——充满着对暴风雨的渴望！在这叫喊声里，乌云听出了愤怒的力量、热情的火焰和胜利的信心。

海鸥在暴风雨来临之前呻吟着，——呻吟着，它们在大海上飞窜，想把自己对暴风雨的恐惧，掩藏到大海深处。

海鸭也在呻吟着，——它们这些海鸭啊，享受不了生活的战斗的欢乐：轰隆隆的雷声就把它们吓坏了。

蠢笨的企鹅，胆怯地把肥胖的身体躲藏到悬崖底下……只有那高傲的海燕，勇敢地，自由自在地，在泛起白沫的大海上飞翔！

乌云越来越暗，越来越低，向海面直压下来，而波浪一边歌唱，一边冲向高空，去迎接那雷声。

雷声轰响。波浪在愤怒的飞沫中呼叫，跟狂风争鸣。看吧，狂风紧紧抱起一层层巨浪，恶狠狠地把它们甩到悬崖上，把这些大块的翡翠摔成尘雾和碎末。

海燕叫喊着，飞翔着，像黑色的闪电，箭一般地穿过乌云，翅膀掠起波浪的飞沫。

看吧，它飞舞着，像个精灵，——高傲的、黑色的暴风雨的精灵，——它在大笑，它又在号叫……它笑那些乌云，它因为欢乐而号叫！

这个敏感的精灵，——它从雷声的震怒里，早就听出了困乏，它深信，乌云遮不住太阳，——是的，遮不住的！

狂风吼叫……雷声轰响……

一堆堆乌云，像青色的火焰，在无底的大海上燃烧。大海抓住闪电的箭光，把它们熄灭在自己的深渊里。这些闪电的影子，活像一条条火蛇，在大海里蜿蜒游动，一晃就消失了。

——暴风雨！暴风雨就要来啦！

这是勇敢的海燕，在怒吼的大海上，在闪电中间，高傲地飞翔；这是胜利的预言家在叫喊：

——让暴风雨来得更猛烈些吧！

请在本节课给出的对比作品中选择一篇适合自己风格的作品，并通读、分析原文，研究其创作背景、作者生平和作品的时代特征，思考应当如何把作品朗诵好。

第二章

阅读，挖掘人类精神宝藏

第一节 走近阅读

西汉经学家、我国目录学的开山鼻祖刘向说："书犹药也，善读之可以医愚。"他提醒人们要善于从书中汲取智慧和知识，以避免陷入无知和愚昧。与之相类的劝学的教诲，从先秦诸子到唐宋八大家，既有为什么要读书、为什么而读书的人生训导，也有如何有效、高效读书的方法论著，不一而足，汗牛充栋。

荀子在《劝学》中，教导学生如何读圣贤之书。他认为读书从途径上应"始乎诵'经'，终乎读'礼'"，读书的志向应"始乎为士，终乎为圣人"。他将最重要的儒家"五经"：《礼经》《诗经》《尚书》《易经》和《春秋》列为书生之必读书目，认为天地间的大学问都囊括其中了，书生阅读这些典籍时不仅要听在耳里记在心里，更要将最终的成果表现在行为举止上，一举一动，哪怕是极细微的言行，都能垂范于人。这样的总结与教导对后世中华文化的发展影响深远。

被苏轼称赞为"文起八代之衰,而道济天下之溺"(《潮州韩文公庙碑》)的唐宋八大家之首韩愈,他是怎样读书的呢?《进学解》中他的学生这样描述:"口不绝吟于六艺之文,手不停披于百家之编。纪事者必提其要,纂言者必钩其玄……沉浸醲郁,含英咀华",意思是韩愈口中不断吟诵"六艺"——《诗经》《尚书》《易经》《礼经》《乐经》《春秋》——六部儒家经典,手里也不停地批阅,对于记述历史的文章必提取纪要,对于理论性的著作,一定要深入探索其中的深层含义,读书时能完全将心神沉浸在典籍的书香里,仔细咀嚼其精华况味。这些文字描摹了古圣先贤将广泛阅读与深入思考相结合的场景,是对于"读什么""如何读"的阅读传统的生动教学。

到了现代,著名作家、学者林语堂先生在《读书的艺术》一文中,对读书的意义有了更具现代意义的探讨和表达。他认为"没有养成读书习惯的人,以时间和空间而言,是受着他眼前的世界所禁锢的",而读书从心理上的影响说来,"是和旅行一样的"。

同样专门阐述过读书方法的还有著名作家、戏剧家老舍先生,他在《我的读书方法》中谈到,阅读应该是一种享受,而不是为了追求某种效果或者满足某种功利目的。他主张随心所欲地阅读,不拘泥于任何系统或理论，也不强求自己记住所读内容。他认为读完一本书后应该有自己的心得和评价，不必受他人的影响或限制。他也提到了阅读时做笔记、与其他读者交流等是有助于加深理解和记忆的方法。

通过古今对比，我们可以看到，从"修身、齐家、治国、平天下"的文人士大夫的学习手段，逐渐发展为能开阔视野、怡情娱乐的普罗大众的精神生活的一部分，阅读行为的意义也在不断地发生变化，阅读行为本身也在不断地发展与延伸。

放眼国外，诸多名家也留下不少关于读书的名言，如我们耳熟能详的"书籍是人类进步的阶梯"（高尔基），"书籍是造就灵魂的工具"（雨果），还有培根说过："读书塑造完全的人格。"尽管读书的益处已被古今中外的名家导师说尽，但是现如今，阅读本身却遇到了前所未有的挑战。

无可否认，我们已经身处于一个信息爆炸的社会，搜索引擎，大数据推送，ChatGPT（人工智能聊天机器人程序），想要什么信息似乎都唾手可得，不想要的信息也避无可避。我们似乎每天都承受着资讯的轰炸，能够去思考和探索的内容却越来越少，短视频的出现更加剧了这种现状——我们能知道的东西越来越多，一部名著带你两分钟"读"完，哲学经典帮你半分钟完成概览，泛滥的媒体资讯让我们感觉很"爽",却也悄然弱化乃至荒废着我们的理解力。

因此,首先我们需要不断强调,阅读是一种能力,综合了我们的理解力、专注力和想象力,这种能力在快节奏的现代社会中尤为重要,是看电视、刷手机无法替代的。

其次我们要明确,阅读方法也不仅仅是为了获取资讯或聊以消遣的阅读。消遣性的阅读是不需要太多努力的,也不需要太多技巧和规则。如果阅读仅仅是为了获取资讯和消遣,尽管仍有一些维持认知的作用,也只能让我们局限在单一的信息和思维模式里,却无法拓展思维的边界,无助于提升理解能力。

在这里,我们想对学习阅读的人提出一种期望,希望能够借助学习阅读方法获得自信和力量,向自己的头脑发出挑战!就如《如何阅读一本书》中说的:

> 只有一种方式是真正的阅读。没有任何外力的帮助,你就是要读这本书。你什么都没有,只凭着内心的力量,玩味着眼前的字句,慢慢地提升自己,从只有模糊的概念到更清楚地理解为止。这样的一种提升,是在阅读时的一种脑力活动,也是更高的阅读技巧。这种阅读就是让一本书向你既有的理解力做挑战。

能提升我们理解力的书，就像是我们的老师，而阅读的方法，就是跟随这位老师持续学习的方法。《如何阅读一本书》中还谈到了阅读的层次，通过了解阅读的层次，有助于了解我们自己的阅读行为和阅读能力。

·基础阅读：是第一层次的阅读，在这个层次主要解决的问题是，这个句子在说什么？如果我们打开一本书，书中的字是古文或外文，那我们这时首先要做的努力就是去弄清楚这些字的意思。只有当明白这些字的意思之后，我们才能试着去了解、去体会这些字，体会其中蕴含的意思。

·检视阅读：是第二层次的阅读，也可以称之为略读。如果上一个层次的阅读解决的问题是这个句子在说什么？那么在这个层次我们要解决的问题就是这本书在说什么？或者说这本书的架构是什么？这本书包含了哪些部分？在这个阅读层次，需要用尽量短的时间，快速了解一本书的概要。

·分析阅读：是第三层次的阅读，也就是全盘的阅读。相较于检视阅读的快速而完整，分析阅读是在无限的时间里，对一本书进行足够精细而完整的阅读。分析阅读的目标是要咀嚼与消化，对一本书做全面的理解、诠释和评价。

·主题阅读：是第四层次的阅读，可以称之为主题阅读，也可以称为比较阅读。在这个层次，读者会阅读很多本书而不是一本书，并且列举出这些书之间的相关之处，提出一个所有书都谈到的主题。主题阅读最需要主动、最需要花力气，但也会让我们收获最多。

如果我们的阅读目标是用来消遣娱乐，单纯获得资讯或打发时间，那我们可能只需要停留在阅读的前两个层次。如果我们想达到阅读的第三个层次，就需要投入更多的精力和专注度。我们学习阅读方法，也是为了能更快地提升自己的阅读层次。

除了认识阅读的发展和层次，老年读者还需要有对阅读的信心，克服生理影响，了解自己这一年龄阶段在阅读上的优势。老年人因为有了丰富的人生阅历，此时更适合阅读经典作品。卡尔维诺在《为什么读经典》中就写道：

> 在一个人完全成年时首次读一部伟大作品，是一种极大的乐趣，这种乐趣跟青少年时代非常不同（至于是否有更大乐趣则很难说）。在青少年时代，每一次阅读就像每一次经验，都会增添独特的滋味和意义；而在成熟的年龄，一个人会欣赏（或者说应该欣赏）更多的细节、层次和含义。

第二章 阅读，挖掘人类精神宝藏

持相近观点的还有林语堂，他在《读书的艺术》中引用孔子的教导来说明，一些阅读的滋味是需要足够的生活阅历才能够品出的：

> 当一个人的思想和经验还没有达到阅读一本杰作的程度时，那本杰作只会留下不好的滋味。孔子曰："五十以学《易》。"便是说，四十五岁时候尚不可读《易经》。孔子在《论语》中训言的冲淡温和的味道，以及他成熟的智慧，非到读者自己成熟的时候是不能欣赏的。

因此在阅读上，老年人具有丰富的人生智慧、平和的心态、更多的时间、更好的领悟力和传承文化的使命等优势。对老年人来说，保持阅读习惯还有以下几个重要的意义。

· 持续拓展认知：通过阅读，老年人可以获取新的知识和信息，了解时事动态、科学知识、历史文化等，这有助于保持与时俱进的思想，拓宽视野，增加对世界的理解。

· 保持大脑活力：阅读是一种复杂的认知过程，需要大量的神经元协同工作。当我们阅读时，大脑会不断地进行信息的处理、存储和检索，这些过程会刺激大脑各个区域的活动。长期阅读可以促进大脑的神经元连接，提高神经元的活跃度和稳定性，从而使大脑更加灵活、高效、稳定，进而预防或减缓认知衰退的发生。

·丰富情感体验：阅读可以带给老年人丰富的情感体验。通过阅读小说、散文、诗歌等文学作品，他们可以与作品中的人物产生共鸣，感受到情感上的满足和共享。

·帮助心理放松：阅读是一种良好的心理放松方式，可以帮助老年人放松身心，缓解压力和焦虑。在阅读中，他们可以暂时远离现实的困扰，沉浸在书籍的世界中，获得内心的宁静和安慰。

·促进社交互动：通过阅读，老年人可以与他人分享自己的阅读体验，参加读书俱乐部或文学讨论会等活动，与其他人进行交流和互动，增加社交圈子，丰富日常生活。

对老年朋友来说，通过阅读书籍，可以获得更深层次的知识和思考，更持久的精神滋养，提高综合素质以及享受宁静和放松的时光。因此，我们应该重视阅读，将其作为一种重要的文化活动乃至生活方式。讨论了阅读的意义和层次，我们将在接下来介绍阅读的方法和工具，以帮助读者提升阅读能力，达到尽可能高的阅读层次。

第二节 阅读的方法

一、朱子读书法

在阅读方法的归纳方面,我国古圣先贤留下了诸多箴言警语和理论宝藏。宋代理学大师朱熹一生学而不厌,博览经史,在训诂、考证、注释古籍、整理文献等方面都取得了丰富的成果。他的学生汇集他一生关于读书的训导,概括归纳成"朱子读书六法",这是我国古代最系统的读书方法论,核心方法包括:循序渐进、熟读精思、虚心涵泳、切己体察、着紧用力、居敬持志。

有学者认为这六条方法正是朱熹先生继承儒家道统,开创理学,承袭儒家精髓进而启蒙天下万世的根本原因。可能有人会以为,这是古人读书的旧方法,和今天西方的新方法相比会不会已经落伍?对此,《朱子读书法》的译注者曾将朱子读书法与西方的诠释学进行比较,发现诠释学分析的各个层次,大致都可以在朱子的论述中找到。中国的经典名著浩如烟海,朱子读书法则是引领读者进入古圣先贤精神殿堂的重要门径。因此,了解和学习朱子读书法,无论是阅读古代经典还是现当代作品,都有一定的参考价值和指导意义。

因此在本节，我们专门将朱子读书六法做概括讲解，虽然这六法原文针对的是如何阅读儒家经典和史籍典册，如何学习和理解儒家圣人之教诲，但如果将其推及所有有助于我们构筑精神世界的经典书籍，无论古今中外，都具有一定的指导意义。

1. 循序渐进

关于读书的次序，朱子认为要从难易程度、与普通人关系的远近、作用大小来考量，拿儒家经典"四书"来说，要先读提纲挈领、与求学之人密切相关的《大学》，再读《论语》《孟子》和《中庸》。因为《大学》是致学的纲领，要先掌握纲领，再循着纲领研读其他的典籍，读了《论语》《孟子》《中庸》这些教书育人的书，就有了基础，再读《诗书》《尚书》《礼记》《乐记》等进一步塑造人才和技能的书。对儒家经典来说，如果上来就读《易经》《春秋》，那就错了，因为《易经》《春秋》都隐晦深奥，不容易读懂，不理解其意就容易穿凿附会。读书的次序先易后难，是一个基本的原则。

关于阅读义理与史书的关系，朱子打了一个比喻，譬如挖池塘灌溉农田，要等到池塘里的水满了再挖开，这样水才可以流淌到田地；如果池塘里的水只有一点点

第二章　阅读，挖掘人类精神宝藏

就马上挖开去灌溉农田，那么不仅起不到灌溉的作用，池塘里那一点点水也被浪费了。意思是书读得多了，对书中的义理能够融会贯通了，心中对事物的判断和法度都清楚了，这时如果不去看史书，探讨古今兴衰成败的道理，就好比池塘的水已经满了，却不挖开去灌溉农田一样。

关于读史书，朱子建议先读《史记》《汉书》等正史，先了解重要人物和事情的始末，再去读《资治通鉴》一类的编年体史书，可以互相参考，不至于错过细节。

朱子认为读书需要纯粹专一，摒弃贪多的毛病。读书如果这一个还没有理解，就想去理解别的，最终哪个也理解不了。这就好比去看一栋房子，如果在外面瞧见这栋房子就说看到了，那就没有机会真正了解这栋房子，要走进里面去一个地方一个地方的看，看它都用了什么结构，设了多少窗格，看了一遍再看一遍，都讲得出来才行。又比如读书就像吃饭，吃了这一口才去吃下一口，吃出滋味来，饭菜才能转化成精血，如果只是囫囵吞枣地吃下去就没什么用。读书最怕贪多，漫无目的地多看，没有什么好处，反而不如看得少更有收获。贪多的毛病刚刚产生时只是一个小问题，可过不了多久就可能成为大问题。

2. 熟读精思

关于熟读，朱子比喻读书就像服药一样，只吃一副病是治不好的，要吃完一副又一副，吃的量够了，药力自然就能发挥出来，病当然就好了。他建议要"正襟危坐"地将书熟读，时间长了，大字旁边自然就会有"小字"跳出来，这就是自己的见解。如果只是将表面的意思理解个大概，强作解释是不能叫学问的，要把圣人的话读熟，然后再深入思考，道理自然就能体会出来。

关于思考，朱子说一个人读书时，刚开始内心犹豫不定，对道理的理解还没有把握，只有对自己的理解自信了，这才算是入了门。此后应该在反复体会到烂熟于心之后，才会觉得书上的字都活了起来，好像有生命一样，这时才说明自己真正受益了。

孔子教人也讲"学而时习之"，时常温习，对书的理解将会逐渐深入，即便十分难理解的内容，将来也一定能理解。论语还讲过"学而不思则罔，思而不学则殆"，研究义理如果只是讲一遍就完了，那么就没有什么收获，需要经常认真思考才可以。

道理读完了，还要经常拿出来思考，思考时间足够长了，如果还理解不透彻就暂时放下，等到思路清晰时再拿出来读，这样时间久了，自然就能够理解透彻了。

读书与思考的阶段常常是这样的——刚开始没有

什么疑问，再读就慢慢有了疑问，读到中间处处都是疑问，过了这个阶段，疑问渐渐就有了答案，最后融会贯通，再没什么疑问，要到这时才算是学问。

朱子又说，有大的疑问，那将来一定能有大的境界，没有疑问时，需要有疑问，有疑问时，要去解决疑问。

3.虚心涵泳

这一读书法讲了读书的态度，要摒除成见，谦虚静气，从容体会，不要把自己先入为主的观点横在胸中。读书的方法只有立志向不自满，反复揣摩才能有用。如果还没有仔细体会圣贤著书立说的本意就擅自发表看法，就好比吃东西其实还没吃饱，就鼓着肚子向别人炫耀自己吃饱了，其实如果是真的吃饱了，就未必一定要讲出来。

读文章还没有了解其真实意思就妄下结论，这样做既没有正确理解义理，又白白浪费了自己的时间和精力。不如先心平气和地去看，能收到涵养心性、研究探索的双重功效，一举两得。

大多数时候，读书要先看文本是怎样讲的，虚心将文字的本意理解清楚，多看几遍自然就熟了，道理也能清晰地辨别。就好比人和人相见，第一次见面，可以认识他的外表，第二次见面可以了解他的姓名、籍贯，第三次就可以了解他的本性和行为习惯，认识久了就能一眼看透他一样。

《中庸》讲"博学之，审问之"，就是要广泛的学习，仔细的探究，然后才"慎思之"，如果还没去学、没去请教别人，就妄下评断，不能虚心涵泳，那就是白费心思。

4. 切己体察

读书时学到一个道理，不是读完就完了，还要知道将道理应用在哪里。读书一定要在和自己日常应用有关系的地方用功，亲身去实践才行。

推行道理要从大处着眼，要做到视野开阔，不钻牛角尖，要将道理放在日常生活中去检验，自然能渐渐形成自己的见解。如果不去大的市面上验证，即使把一句话理解得很透彻，也不过是一句空洞的道理。因此读书不能一味地在纸上寻求义理，需要结合自身实际去推行探究，这样才能有收获。理解圣贤之道的方法就是把自己融入道理之中，渐渐相亲，最后和道理合二为一。

读书要联系自身实际去体会，用心去验证，在安闲宁静、专一不变中从容陈述自己的意见，不能只是会背诵，只说一些空话。

5. 着紧用力

朱子最主张苦读，认为读书一定要抖擞精神，就好比救火治病一样，怎么可以一味悠闲自在，一点不着急呢？

读书时要把整个心完全沉浸在书里，行走坐卧，时时刻刻都想着书里的内容，发誓一定要弄明白为止，外面有什么事也不管，一心只用在书上才称得上善于读书。如果只是想着能够显摆几句，却不要求自己读书，这样是不行的，一定要振作精神，一个字一个字地看，不只要能读懂正文，连注解都记住才可以。

朱子举了孔子有两位弟子曾点和漆雕开的例子。漆雕开平时埋头做事很少发言，所以他的想法不容易理解，而曾点就会仔细体会一件事为什么值得开心？如何开心？不是孔子说这个值得开心，他就相信，而是一定要自己体会到值得开心的地方，不轻易听信别人说的。

做学问就应该沉痛恳切地下一番功夫，没有什么特别的技巧，就好像逆水行舟，每一篙都不能放松，时间一去不回头，怎可轻易失去。

6. 居敬持志

如果学习做不到坚持恭敬之心，就无法奠定学业进步的基础。如果心不安静，就没办法认清道理。所以要先把心安定住，不胡思乱想，心如止水、明镜一般，清澈安静，读书空闲时，不妨静坐，让自己心平气和，慢慢地将道理认识清楚，这正是总结自己所学知识的时候。

读书时要将心贴在书本上，把书中的每个字都理解清楚，这样才可以深入探讨，求学之人应该收起自己的心，让他做到单纯专一不浮躁，日常生活不管是动还是静，心都在身体里，不放纵散乱，这样才能把书看得精密详尽，这样才是有根本。

二、常用的读书方法

中国古圣先贤一贯主张，读圣贤书要先立志，读的时候要下苦功夫、花大力气。不过到了现代，人人都能读书，书的数量和种类越来越多，读书的行为越来越普遍，读书的意义和方法也就有了相应的变化。回到我们今时的学习和应用上，我们对照阅读的层次，着重介绍几种常用的阅读方法：

• 快速阅读法：针对阅读的"检视阅读"层次，适用于快速浏览书籍，掌握书籍的大致内容和中心思想。

• 精细阅读法：针对阅读的"分析阅读"层次，适用于需要深入理解、掌握的书籍。

- 主题阅读法：针对"主题阅读"层次，适用于需要系统学习某个领域的知识。

针对阅读的"基础阅读"层次，主要解决的问题是扫清文字障碍，这里需要识字的基础、借助和使用工具书的方法和技能，我们在本书中暂不作详细讲解。

1.快速阅读法

快速阅读法要解决的是，我们想要快速了解一本书，在尽可能"快"的前提下，对它进行尽量完整的了解和检视。在开始阅读之前，我们先要明确阅读的目标，即希望从这本书中获得什么信息，这有助于你更快地筛选出与目标相关的内容。但也可能你完全没有目标，只想先了解一本书的内容。无论是否有明确目标，我们都可以遵循的阅读顺序是：

> 书名——序言、后记——目录、摘要——主题篇章（有阅读目的）——随手翻阅，自由探索（无特定目的）——全书结尾

在对书的内容进行扫描时，如果你是带着目的阅读的，那么与阅读目的有相关关键字的章节就是你阅读的重点，一些与阅读目的关联不大的章节就可以选

择性跳过，例如对论述观点进行具体展开的描述性段落、引用和举例等。

如果并没有特定的阅读目的，我们可以通过快速浏览段落的开头和结尾，注意标题、粗体字、插图和图表等重点识别对象，同时运用上下文的线索迅速了解作品内容、结构和观点。实际上，即使没有特定目的，如果想做到有效阅读，最终也要实现一个目标，那就是"归纳和总结"。浏览过后，我们要能够对自己提取的关键信息进行归纳总结，能复述了解到的内容，以确保可以更好地把握书中的重点、要点或核心内容。每次快速阅读之后完成归纳和总结，能够巩固阅读成果，让快速阅读是有效的而非走马观花、毫无收获的。

我们在策划和组织举行群体阅读时，可以进行快速阅读的练习和游戏。方法如下：

步骤一：主持人可以选择任何种类的一本书，也可以选择短篇小说、时事评论、新闻报道等一段文本，具体选择视参与者或主持人的喜好而定；

步骤二：根据阅读文本的长短规定一个时间，要求参与活动的人在规定时间内完成文本阅读；

步骤三：阅读结束后，每个人将自己阅读提取到的信息进行归纳和分享；

步骤四：主持人综合大家的答案选出一位或若干位优秀读者，分享自己的阅读方法。

快速阅读所需的时间和精力更少，经常进行快速阅读练习，能够不断提高读者的阅读速度和理解能力。

2.精细阅读法

精细阅读法也可以称为分析阅读法，是在基础阅读和检视阅读之上，要求读者从多个角度去审视和评价文本，挖掘出作者隐藏的意图和观点，注重细节、结构、语言和背景知识的运用。分析阅读的目标也可以分成三个层次：第一层次是了解文本的内容，第二层次是诠释作者的意图，第三层次是评论文本的价值。精细阅读需要投入足够的时间和精力，通过逐句阅读、反复阅读以及交流讨论等方式，以求获得更深入和完整的信息。掌握精细阅读方法，不断实践，可以逐步提升精细阅读的层次：

· 了解背景：在正式阅读之前，对作者以及作品的背景做一个初步的了解，包括作者的个人背景、作品的创作背景或者作品相关的社会热点或相关话题等。

· 确定目标：根据阅读目的和选择的书籍，设定具体、可衡量的目标。例如，如果目的是拓展知识面，可以将目标设定为掌握书中的主要观点和思想；如果目的是解决某个问题，可以将目标设定为找到解决方案或启发新的思考方向等。也可以量化安排每天的阅读时间、阅读进度和笔记作业等，确保自己能够按时完成阅读计划，实现设定的目标。

・深入阅读：在阅读过程中，可以采取检视阅读、精细阅读相结合的方式，先对全书有一个大致的了解，然后再选择重要的章节或段落进行逐词逐句的深入阅读。

・不断提问：在阅读过程中不断提问和思考，例如"这句话是什么意思""作者为什么要这么写"等，以促进深入理解。

・批注笔记：在阅读时进行批注和笔记，记录下自己的想法和感悟。我们会在后续做读书笔记的方法之上进行探讨。

・交流讨论：与他人交流阅读心得和看法，可以拓宽自己的思路和视野，同时也可以从他人的观点中获得新的启示。

・反复阅读：经典需要反复阅读才能更好地理解其内涵和价值，每次阅读可能会有不同的感受和收获，想要达到精细阅读的更高层次，一定要对文本进行反复阅读，才有可能做出更准确的诠释和理性的评价。

3. 主题阅读法

主题阅读法是一种针对同一主题，在一定时间内阅读大量书籍的方法。它可以有效地避免零散阅读所造成的知识遗忘、思考重复而不深入的问题。同时，由于在短时间内大量阅读相关内容，可以有效加深记忆，多角度、更全面地理解同一主题思想。这种方法能够快速地把一个领域的知识体系搭建起来，帮助阅读者在短时间内成为一个领域的专家。

主题阅读法的步骤包括明确目的、确定主题，然后围绕主题进行"集中式、轰炸式、地毯式"的阅读，快速掌握这个领域的知识。这种方法的神奇之处在于，它能够将大量阅读所获得的知识进行分解、整合，形成自己的知识体系，并且容易记住，也可以直接灵活使用。

下面列举一些适合老年读者使用主题阅读法的主题和相关书籍。

· 国学主题：儒家经典著作如《大学》《论语》《孟子》《中庸》《诗经》等，道家经典著作可以读《道德经》《庄子》《列子》等。

· 哲学主题：人类终极的"我是谁""我从哪里来"是人人都有的疑问，但探讨这些问题的著作却往往比较艰深，因此也更适合组织集体共读，推荐的书目有《苏菲的世界》《哲学是什么》《你的第一本哲学书》

《人生的智慧》《哲学的故事》等。

·文学主题：可以以作者为主题，对其作品进行主题阅读，如偏爱生活意趣的汪曾祺作品，富于美学感悟的丰子恺作品，或具有一些阅读难度的如马尔克斯或博尔赫斯作品。

·人类学主题：人类学研究提供了深入理解和探索人类文化、社会和行为的视角和思考方式，可以帮助老年读者去追问更具深度的问题，打开更高的视野，推荐的阅读书目有《人类简史》《人类学经典导读》《金枝》《原始分类》等。

以上只是部分适合老年人阅读的主题或书籍，还有哪些主题和相关书籍适合老年人阅读或共读，可以留作课后讨论。

三、阅读的辅助技巧

1. 思维导图

思维导图是一种图形化的组织思维和表达思想的工具。它利用图形、符号、颜色等元素将信息进行整理和关联，以帮助人们更好地记忆、理解和创新。思维导图通常从一个中心主题开始，向外扩展成多个分支，每个分支可以包含多个子节点，以此类推，形成一个个层级结构。

思维导图适合辅助各种类型的阅读，特别是对于知识性强、需要梳理思路、复杂或结构性强的书籍或文章等。通过思维导图，可以帮助读者更好地理解、记忆和组织阅读内容，提高阅读效率和质量。具体来说，思维导图可以用于以下阅读场景。

- 知识性强的书籍或文章：对于知识性强的书籍或文章，思维导图可以帮助读者更好地理解和记忆其中的知识点和细节。例如，在阅读历史、科学、技术等领域的书籍或文章时，可以使用思维导图来梳理其中的重要概念、事件、发展历程等。

- 需要梳理思路的书籍或文章：对于论述性、议论性的书籍或文章，思维导图可以帮助读者梳理作者的思路和结构，从而更好地理解书籍或文章的主题和论点。例如，在阅读哲学、政治、经济等领域的文章或书籍时，可以使用思维导图来梳理其中的观点、论据和论证过程。

- 复杂或结构性强的书籍或文章：对于结构复杂或篇幅较长的书籍或文章，思维导图可以帮助读者更好地把握书籍或文章的整体结构和重要信息。例如，在阅读小说、传记等长篇文学作品时，可以使用思维导图来梳理其中的情节、人物关系和主题。

·需要快速回顾和总结的书籍或文章：对于已经读过的书籍或文章，思维导图可以帮助读者快速回顾和总结其中的重点和要点，从而加深对阅读内容的理解和记忆。例如，在复习备考时，可以使用思维导图来梳理所学知识的重点和难点。

·需要进行比较和对比的阅读材料：对于需要比较和对比不同阅读材料的场景，思维导图可以帮助读者整理和比较不同材料中的关键信息和异同点。例如，在比较不同国家的历史、文化、经济等方面的差异时，可以使用思维导图来梳理各个方面的特点和差异。

思维导图是一种非常有用的阅读辅助工具，可以帮助读者更好地理解、记忆和组织阅读内容，提高阅读效率和质量。在阅读不同类型的书籍和文章时，可以根据需要灵活运用思维导图来辅助阅读。

我们以法国著名的社会心理学家、群体心理学的创始人勒庞的代表作《乌合之众》为例，作者通过《乌合之众》揭示了在群体心理的作用下，个体独立思考的能力减弱，容易受到群体影响和控制的现象。透过全书的思维导图，可以完整地看到作者的思想脉络、表达逻辑和所揭示的主要现象与观点。

思维导图的呈现方式多种多样，同样以《乌合之众》为例，可以按照以下步骤进行思维导图的制作。

- 确定中心主题：将《乌合之众》作为中心主题，展开后续的节点和子主题。
- 划分章节：将书中各个章节作为思维导图的二级节点，再将每个章节的内容划分为更小的子主题。
- 添加关键词：在每个节点和子主题下添加关键词，以便更好地概括和描述每个部分的内容。
- 调整布局：根据功能和美观度要求，对整个思维导图进行排版和布局调整。

用图形去表达思维逻辑，非常适合对一本书做结构性的梳理和总结概括（见图1）。通过这样的方式，我们可以完整地掌握一本书的结构和核心观点。在日后进行复盘分析时，也可以以最形象化的方式快速回忆起书中的内容，有的放矢地找到自己想要重新阅读的部分。

2. 读书笔记

钱锺书先生说过，其博闻强识的基础就在于认真下功夫的读书笔记。在钱锺书先生的读书笔记中，有大量对于原文的引用，并且悉心记下其在书籍中的页码以及自己的所思所想。前文讲过韩愈读书"纪事者必提其要，纂言者必钩其玄"，意思是阅读记事的内容一定会提炼出主要内容，阅读说理的文章则一定要提取记录其精彩深奥的语句，由此可见名家对读书笔记的看重，"不动

·阅读与朗诵·

图1 《乌合之众》结构框架

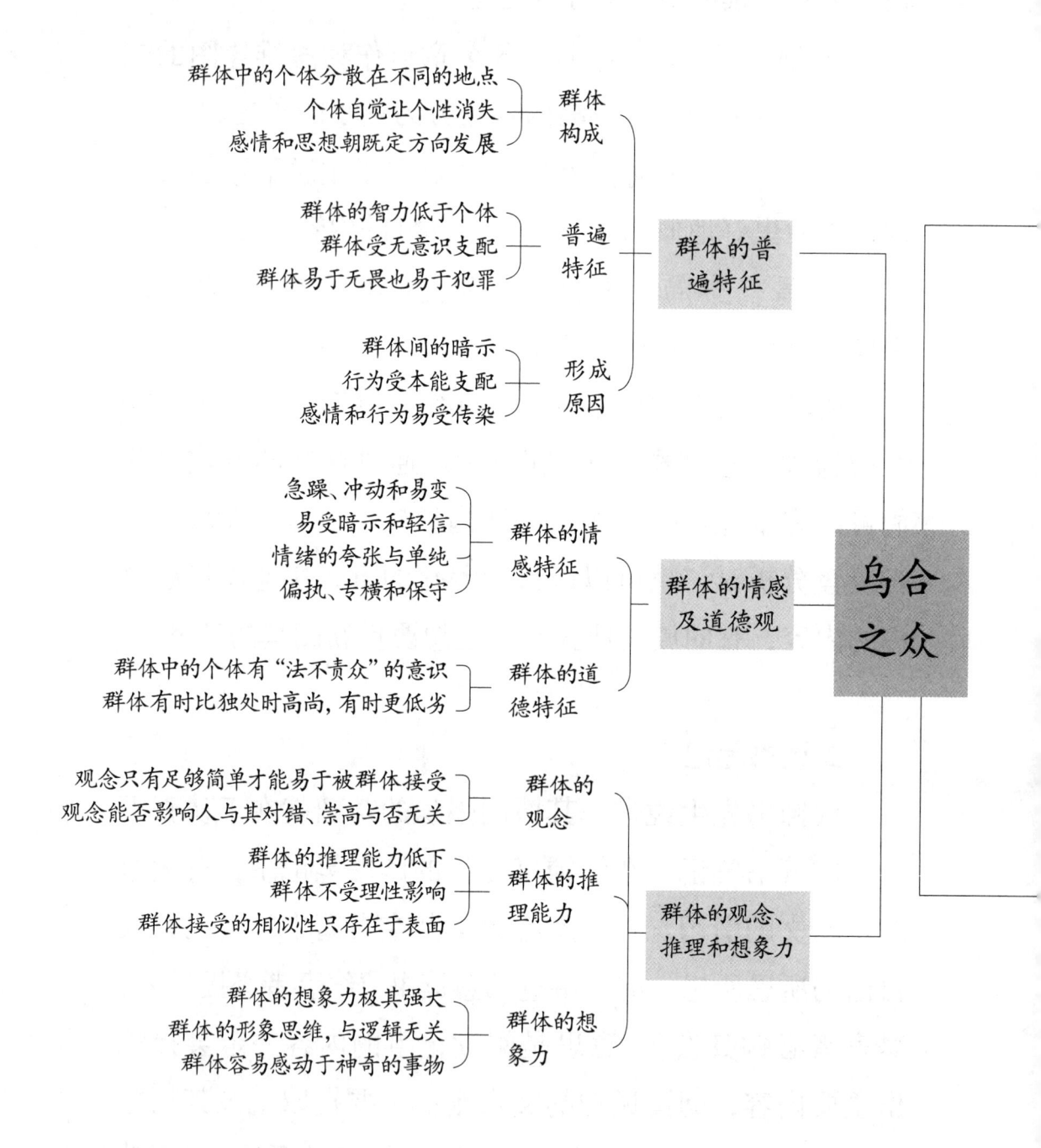

```
群体中的个体分散在不同的地点 ┐
个体自觉让个性消失           ├ 群体构成 ┐
感情和思想朝既定方向发展     ┘          │
                                        │
群体的智力低于个体           ┐          │
群体受无意识支配             ├ 普遍特征 ├ 群体的普遍特征 ┐
群体易于无畏也易于犯罪       ┘          │                │
                                        │                │
群体间的暗示                 ┐          │                │
行为受本能支配               ├ 形成原因 ┘                │
感情和行为易受传染           ┘                           │
                                                         │
急躁、冲动和易变             ┐                           │
易受暗示和轻信               ├ 群体的情感特征 ┐          │
情绪的夸张与单纯             │                │          │
偏执、专横和保守             ┘                ├ 群体的情感及道德观 ├ 乌合之众
                                              │          │
群体中的个体有"法不责众"的意识 ┐            │          │
群体有时比独处时高尚,有时更低劣├ 群体的道德特征┘        │
                                                         │
观念只有足够简单才能易于被群体接受┐                     │
观念能否影响人与其对错、崇高与否无关├ 群体的观念 ┐     │
                                                  │     │
群体的推理能力低下           ┐                    │     │
群体不受理性影响             ├ 群体的推理能力    ├ 群体的观念、推理和想象力 ┘
群体接受的相似性只存在于表面 ┘                    │
                                                  │
群体的想象力极其强大         ┐                    │
群体的形象思维,与逻辑无关    ├ 群体的想象力      ┘
群体容易感动于神奇的事物     ┘
```

060

群体的分类

- **异质性群体**
  - 无名称的群体：如街头群体
  - 有名称的群体：如议会、陪审团
- **同质性群体**
  - 派别：政治派别、宗教派别
  - 身份团体：军人、僧侣、劳工
  - 阶级：中产阶级、农民阶级
- **所谓的犯罪群体**
  - 群体在犯法时也许并不是心理犯罪
  - 群体行为具有绝对的无意识性
- **刑事案件的陪审团**
  - 陪审团的判决独立于它们的人员成分
  - 愿意屈从于威望、更易被说服
  - 注重情感，对激情犯易表现出宽容
- **选民群体**
  - 选民容易被控制
  - 没有逻辑推理能力
  - 没有批判精神，易怒、轻信
- **议会**
  - 领导的权威对议员的影响很大
  - 议会群体易受暗示，具有局限性
  - 有着难以改变的意见和易变的意见

群体的意见和信念

- **间接成因**
  - 种族：种族的影响至关重要
  - 传统：传统是种族精神的综合性反映
  - 时间：信念的建立需要时间，信念的毁灭也需要时间
  - 政治与社会制度：政治与社会制度由民族性质决定
  - 教育：教育会影响群众的错误观念
- **直接成因**
  - 形象、词语和口号：词语和口号展现的力量由其唤起的形象决定的
  - 幻觉：幻觉存在于所有文明的起源中，相较于真理，群众更喜欢幻觉
  - 经验：经验可以让真理在群体中扎根，说服群体需要付出经验和代价
  - 理性：理性对于群体几乎没有任何作用，无意识的情感是影响群体的主要因素
- **群体领袖**
  - 特征：群体都有服从领袖的本能，只有领袖能够让他们有信仰
  - 手段：群体不是思想者，而是行动者；传染从社会下层向上层传播
- **信念和意见的变化**
  - 牢固的信念：一些最普遍的信念是不容易改变的
  - 多变：如果群体的意见不是从普遍的信念中得来，那么它便会容易改变

笔墨不读书""好脑瓜不如烂笔头"等诸多名言警句都是教导我们读书笔记对于阅读的重要性。下面介绍关于做读书笔记的种类和技巧。

・摘录法：在阅读书籍或文章时，将优美的句子、精彩的描写、生动的对话、重要的段落、引人入胜的故事、名人名言以及对自己有用的知识等摘抄下来，以帮助记忆和积累。

・眉批法：在书上对读物中精当的语句、精彩的段落、精辟的议论、精练的说明、优美的描绘等部分，用钢笔或铅笔在空白处作批注。

・笔记法：把阅读中的体会、感想、收获、经验、观点、论证等内容记录下来，以便于积累和总结。

・符号标记法：将书中有关内容用各种符号（例如直线、曲线、括号、着重号、惊叹号等）加以标记，以便于查找和复习。

・心得体会法：在读完一本书或一篇文章后，将自己的感想、体会、理解、认识以及观点等记录下来，以帮助自己加深理解和记忆。

・提纲法：将书籍或文章的主要内容、重要观点、精彩章节等整理成提纲形式，以便于掌握全书或全文的脉络和要点。

・存疑法：在阅读过程中，对有疑问的地方进行标注或记录下来，以便于后续的查阅和思考。

・比较法：在阅读过程中，对不同书籍或文章中相似或相反的观点、内容等进行比较，以便更全面地了解和掌握相关知识。

以上方法可以根据个人需要和偏好进行选择和组合，不同的方法适用于不同的阅读目的和场合。在写读书笔记时，也要注意选择适合自己的读物和内容进行阅读和写读书笔记，避免浪费时间和精力。笔记的质量比数量更重要，要注重记录有用的信息和观点，避免简单地复制粘贴，写读书笔记不仅是记录，还要注重思考和理解，提出自己的观点和见解。笔记要及时整理和分类，以便于查找和使用。同时要注意写读书笔记需要长期坚持和积累，只有不断地记录和应用，才能取得良好的效果。

第三节　阅读示范

1.《西方哲学史》

在这里，我们举例罗素的《西方哲学史》。虽然它不是一本哲学专著，但却因为宏大论述了世界哲学史的发展和脉络而被称为了解哲学的入门宝典。它涉及从古代到现代的哲学思想和哲学家们的思考，其深度和广度都令人叹为观止，更不用说罗素以其高超的哲学素养和治学态度，对从古希腊哲学到20世纪初的哲学思想进行了梳理和总结。这部著作对于理解西方哲学史的发展轨迹和思想演变具有重要的意义。

了解罗素的写作背景和写作风格是阅读《西方哲学史》的重要前提。罗素是20世纪最为重要的哲学家之一，他的哲学观点和思考在很大程度上影响了现代哲学的发展。同时，罗素的写作风格非常清晰明了，他善于用简单的语言表达复杂的哲学思想。因此，我们在阅读《西方哲学史》时，需要注意罗素的写作风格，理解他的表达方式和思考方式。

在阅读《西方哲学史》时，需要了解每个章节的结构和主题。罗素的《西方哲学史》按照时间顺序来组织，每个章节都包括一个时期或者一个哲学流派的思想历史。在阅读各章节时，需要了解这个时期或者流派的主题和思想，理解这些思想的发展和变化。

《西方哲学史》共分为三卷，第一卷涵盖了古希腊哲学到康德的哲学思想；第二卷涵盖了从黑格尔到弗洛伊德的哲学思想；第三卷则是对于各种哲学思想进行总结和评估。

在阅读《西方哲学史》时，需要注重重点和细节，同时可以作为一本进入哲学世界的书单来使用。例如，在阅读柏拉图的思想时，可以结合柏拉图的《理想国》来理解他的哲学观点和思想。此外，可以结合其他哲学家的著作来对比和比较不同哲学观点的异同。

在阅读《西方哲学史》时，需要了解每个哲学家及其思想的历史背景和文化环境。哲学思想是由历史背景和文化环境所塑造的，因此，理解历史背景和文化环境对于理解哲学思想是非常重要的。例如，在了解亚里士多德的思想时，需要了解古希腊的文化和哲学传统，理解亚里士多德的思想是如何和这个传统相互作用和影响的。

哲学的阅读是一个辛苦却充满享受的"苦差事"，可其中获得思维训练和对抽象问题的沉浸思考却会让我们受益匪浅。

2.《人类简史》

《人类简史》以一种有趣且易懂的方式呈现了人类的历史和发展史。它提供了对人类历史的深入思考，探索了人类的起源、文明发展和未来的可能性。在开始阅读之前，我们需要了解作者及其创作背景。

《人类简史》的作者是尤瓦尔·赫拉利，一位以色列历史学家，曾在耶路撒冷希伯来大学获得博士学位，现为犹太教和中东研究教授。他的研究方向是人类历史和演化，尤其是关于认知、文化和宗教的方面。了解作者的背景可以帮助我们更好地理解他的观点和思考方式，从而更好地阅读理解《人类简史》这本书。

接着，我们需要整体地把握书籍结构。《人类简史》一共分为四个部分，每一个部分都有不同的主题和章节。在开始阅读之前，我们要先浏览书籍结构，了解每个部分的主要内容，以及每个章节的主题和内容。这样可以帮助我们更好地掌握全局，理解每个章节的位置和意义。《人类简史》分为四个部分，分别是"认知革命""农业革命""人类历史的黄金时代"和"科学革命"。每个部分都涵盖了不同的历史时期和主题，我们可以根据自己的兴趣和需求，选择适合自己的部分进行阅读。

在阅读过程中，我们可以重点关注作者的核心观点，并对其提出质疑和问题。《人类简史》中有很多观点和思考方式，但是其中一些观点是核心观点，需要我们重点关注。例如，书中提到了"认知革命""农业革命""工业革命""科技革命"等一系列的革命。这些革命是人类历史上的重要事件，对人类文明的发展产生了深远影响。比如在"认知革命"一节中，作者主要介绍了人类从南方古猿人进化成了智人。而智人具备其他人种和物种所没有的优势。这种优势是由"认知革命"

第二章 阅读，挖掘人类精神宝藏

带来的，因为这一次"认知革命"，智人才得以占领全球，产生文化，形成今天的人类社会。而"认知革命"的主要内容就是产生了语言，进而产生了虚构的故事。虚构的故事建立了人类的共同意识，形成了社会的基本雏形。

这个观点我们在阅读时要格外注意，理解它的意义和影响，从中获得更多的启示。同时，我们也理应提出反问，去质疑、去研究，提出我们自己的假设。《人类简史》中的观点和思考方式并不是唯一正确的，它们可能存在不同的解释和理解。因此，在阅读本书时，我们应该尝试从多个角度去思考，理解不同的观点和思考方式。这样可以帮助我们更全面地理解人类历史和文明的发展。

同时，《人类简史》是一本跨越不同国家和文化的书籍，因此其中涉及的观点和思考方式可能与我们所熟悉的文化有所不同。在阅读本书时，需要注意文化差异，不要将自己的文化观念强加于书中的观点和思考方式。相反，我们应该尝试理解不同文化的思考方式，从中获得更多的启示。

《人类简史》中的观点和思考方式是基于历史和社会科学研究的。因此，在阅读本书时，我们应该注重实证研究，了解不同的历史和社会科学研究成果，从中获得更多的启示。同时，我们也应该保持批判的思维，对不同的研究成果进行分析和评价，以获得更为准确的理解。

总的来说，《人类简史》是一本深入探讨人类历史和文明发展的书籍，它提供了独特的观点和思考方式，能够帮助我们更好地理解人类历史和文明的发展。在阅读本书时，我们应该了解作者的背景，掌握书籍结构，重点关注核心观点，注意文化差异，多角度思考，注重实证研究等方面，以获得更为全面和深入的理解。

同时，我们也应该保持批判的思维，对不同的观点和思考方式进行分析和评价，从中获得更为准确的理解。通过认真阅读《人类简史》，我们可以更好地认识人类历史和文明的发展，从中获得更多的启示和思考。

第四节　数字时代的阅读

一、走近数字阅读

现如今，我们已经完全进入了一个以数字技术为核心的时代，人们阅读的内容几乎都能以数字化的方式呈现，如电子书、网络小说、电子地图、数码照片、电子杂志、新闻网页等；阅读的载体、终端不再局限于平面的纸张，而是带屏幕显示的电子产品，如电脑、手机、平板电脑（PAD）、阅读器等。相较于纸质阅读，我们把通过电子设备阅读数字化内容的阅读方式称为数字阅读。

随着移动互联时代的来临，阅读数字化进一步加深，人们从阅读方式到阅读体验都产生了一系列的变化。

·阅读方式多元化：数字时代让阅读不再局限于传统的纸质书籍，人们可以选择各种阅读应用程序、电子书、社交网络或阅读站点等各种端口进入阅读，人们可以根据自己的偏好、环境和需求适配自己的阅读方式。

·阅读时间碎片化：数字时代让人们可以随时随地地阅读，通勤、等待、休息的时间，都可以拿出手机或掌上阅读器进行阅读。这种碎片化的阅读方式让人们可以充分利用时间，阅读海量的内容。

·阅读体验个性化：数字时代让阅读体验更加个性化，人们可以根据自己的喜好和习惯选择不同的阅读界面、字体字号、排版布局等。同时，数字阅读还可以通过智能推荐、社交分享等方式，让人们更加深入地参与到阅读中，提高阅读的互动性和趣味性。

从单一的纸质书籍阅读到多元化的阅读方式，从固定的阅读时间到碎片化的阅读时间，从被动的阅读体验到个性化的阅读体验，这些变化不仅反映了数字时代的特点，也影响和渗透着人们的阅读习惯和价值观念。本节我们来探讨数字阅读的趋势性，以及如何应对数字阅读带来的问题。

《2022年度中国数字阅读报告》显示，2022年我国数字阅读用户规模达5.30亿人，数字阅读已成为全民阅读的重要组成部分，其中60岁以上群体占数字阅读用户比例为2.74%，较2021年增长超一倍。数字阅读已成为不可逆转的趋势，接受和进入数字阅读的老年人数量也在快速增长。数字阅读相较于纸质阅读，成本大大降低，信息丰富多样，时间灵活自由，这些优势显而易见，但其缺点和带来的问题也是不容忽视的。

· 信息缺失散乱：由于长篇内容被拆分为多个部分，读者可能会忽略或者遗漏一些重要的内容，导致信息不完整，难以形成完整的逻辑结构，容易导致思维表达不清、逻辑混乱等问题。碎片化阅读中的内容来源不同或者时间不同，可能存在信息不一致或者过时的情况。内容较短，信息量较少，可能会忽略一些重要的细节和背景信息，导致理解不全面。

· 质量参差不齐：在阅读资源层面，纸质读物更加准确、权威。纸质读物的出版发行有规范的准则和监管机制，保障了阅读资源的质量。而数字读物的管理比较混乱，用户生成内容较多，阅读资源质量参差不齐。由于每个部分的内容都比较短小，读者容易只看表面而不深入思考或者探究，导致认知水平停留在表面层次，难以形成系统性的知识结构。数字阅读的碎片化带来的信息快感更多，真正获得的知识却少了。为了迎合读者，网络化语言也变得越来越简短、直接，为了博取眼球，惊悚的"标题党"也日益泛滥。

· 视觉疲劳与健康问题：老年人可能会出现视力、认知、反应能力等方面的衰退，导致难以阅读屏幕上的文字或图像，容易造成阅读疲劳和不适。长期进行碎片化阅读，可能会影响我们的语言能力，使我们变得难以理解和运用复杂的语言，也难以和富于含蓄意蕴的语言产生共鸣。

· 网络谣言和虚假信息：老年人可能会接触到一些网络谣言和虚假信息，如养生、政治、社会等方面的谣言，这些信息可能对老年人的身心健康造成负面影响。

· 网络诈骗和隐私泄露：老年人可能会成为网络诈骗和隐私泄露的目标，一些不法分子可能会利用虚假信息、诱饵等手段骗取老年人的个人信息或财产。

·挤占现实生活社交的时间和精力：网络阅读可能会让老年人过于依赖虚拟世界，缺乏实际的人际交往和互动，这可能会导致老年人感到孤独和焦虑。

相较于纸质阅读，数字阅读的缺点是明显的，但并非不可解决。随着技术的进步，数字阅读设备将更简单易用，甚至专门为老人、儿童等群体开发特定的阅读设备；在国家层面，提出加强数字内容监管，规范数字出版等措施来提高数字阅读资源质量。在数字阅读过程中，读者可获得快速理解和反应的能力以及多任务处理能力，人脑有可能发展出更高级的认知形态，改变原有的理解和记忆状态。

无论是数字阅读还是纸质阅读，都具备休闲娱乐、提供知识、传授经验等功能，数字阅读与纸质阅读应该是相辅相成、长久共存的关系。在进行纸质阅读和"深阅读"的同时，我们也应提高数字阅读技能，主动适应不同的阅读方式，在不同的环境下作出合理的选择，以取得最佳的阅读效果。因此，我们要采取一些应对方法，利用碎片化的时间阅读，提高效率，扬长避短。

·尽可能选择可信来源：由于内容分散的特点，一些不可靠的信息可能混杂在其中。因此，我们要避免被虚假信息所误导。我们可以通过了解阅读内容的创作者是否知名以及有专业背景的背书，或者通过其他人对这个内容的评判，来了解这些内容是否真实可信。

·深入思考和探究内容：虽然每个部分的内容都比较短小，但是我们可以通过反复阅读和思考来深入理解和掌握其本质和深层次含义。内容越少，留给我们思考的时间就应该越多，我们可以结合自身的生活体验，感受阅读的信息背后的含义，引申到更深层次的理解。

·整合信息：由于内容分散的特点，我们需要花费更多的时间和精力来整合各个部分的内容，避免遗漏或者忽略重要的信息。而且，在阅读过程中，我们需要避免浅尝辄止。虽然每个部分的内容都比较短小，但是我们需要通过深入思考和探究来理解和掌握其本质和深层次含义，避免只看表面而不深入思考的情况发生。

二、善用数字化工具

随着科技的进步，数字阅读工具已经成为我们生活的一部分。对于老年人来说，数字阅读工具不仅提供了方便的阅读方式，还有助于改善他们的生活品质。以下是一些常见的数字阅读工具以及如何根据老年人的需求和特点选择和使用数字阅读工具的建议。

电子书阅读器：电子书阅读器是一种专为阅读电子书籍而设计的设备，如乐天Kobo、文石BOOX等。它们具有大屏幕、高分辨率和长时间续航等优点。电子书阅读器可以随时下载和更新书籍资源，方便老年人随时随地阅读。

手机阅读：手机是一种便携式的通信设备，现在也已经成为一种流行的阅读方式。通过手机，老年人可以下载各种阅读软件和电子书籍。同时，手机的网络功能还可以随时更新和下载书籍资源。

平板电脑：平板电脑也是一种便携式的电子设备，具有触控屏幕、高分辨率和强大的功能等优点。通过平板电脑，老年人可以下载各种阅读软件和电子书籍，同时还可以利用平板电脑的便利性随时做笔记、划重点等。

对于老年人来说，数字阅读工具的操作应该尽可能简单明了。选择具有大图标、大字号和易于导航的界面设计的工具，有助于他们更轻松地使用设备。要根据需求选择设备，例如，如果他们需要长时间阅读，那么电子书阅读器可能更适合；如果他们需要随时随地阅读，那么手机或平板电脑可能更合适。

开展数字阅读，选择适合的书籍资源是关键。通过数字设备阅读的内容，要尽量选择一些易于理解、文字清晰、字体大小适中的书籍，如经典文学作品、健康养生类书籍等。同时，也可以根据老年人的兴趣爱好和需求，下载一些有声读物或电子杂志等多样化的内容。更深度的经典型和学习型的书籍，还是要尽量阅读纸质版。

总之，数字阅读工具为老年人提供了更多的阅读选择和便利性。根据自身的需求和特点选择适合的数字阅读工具，并学习如何更好地使用这些工具进行阅读，有助于提高阅读体验。

三、网络信息甄别

随着网络的普及和自媒体的爆炸式增长，我们在日常生活中获取信息的主要途径也逐渐向互联网转移。然而，由于网络信息的匿名性和传播速度的飞快，一些虚假信息不时地被散布出去，网络信息的真假难以辨别，假消息、谣言等虚假信息层出不穷，给我们带来了很多困扰，误导人们的判断和决策，对个人和社会产生负面影响。

因此，甄别网络信息的真假成了我们必须面对和应对的问题，对老年朋友来说就更需要了解和学习这方面的方法和技巧。

1.确认自媒体信息来源

在查看网络信息时，我们应该首先关注信息的来源是什么。信息的来源可以告诉我们这个信息的真实性和可靠性。如果信息来源是官方网站、权威媒体或专业机构，则信息通常比较可信；如果信息来源是不知名的个人、小型网站或自媒体，则需要更加谨慎评估信息的真实性。这里要重点强调的是，我们说的相对可信的"官方网站"和"权威媒体"，必须是信息来源，而不是不可靠的发布者声称的信息来源。

要查询自媒体的信息是否来自官方，可以采取以下几种方法。

・查看自媒体账号的资料和介绍：官方媒体的自媒体账号会在资料或介绍中注明官方身份或授权信息，也会被自媒体平台做"认证"。如果一个自媒体账号声称是官方的，但没有被平台认证，资料和介绍中没有相关证明，就一定要保持警惕。

・搜索自媒体账号的相关信息：可以通过搜索引擎或社交媒体平台搜索自媒体账号的相关信息，查看是否有官方认证或授权的记录。

・查看自媒体发布的内容：通常官方自媒体账号会发布官方消息、新闻、公告等内容，且内容较为正式、权威。如果一个自媒体账号发布的内容随意、不规范，或者与官方无关，就需要保持警惕。

・联系自媒体所属机构或个人：可以通过自媒

体账号所留的联系方式，联系自媒体所属机构或个人，询问其官方身份或授权信息，以确定其信息是否来自官方。

・查证自媒体的权威性和信誉度：可以通过查看其他权威媒体或机构的报道和评价，了解自媒体的权威性和信誉度。如果一个自媒体账号在权威性和信誉度方面存在疑问，就需要保持警惕。

2. 评估信息的可信度

在信息爆炸的时代，虚假信息很容易流传。一些常见的虚假信息通常具有以下特征。

・缺乏证据支持：虚假信息往往缺乏可靠的证据支持，或者证据不足以证明其真实性。因此，当看到某个信息时，应该考虑其证据来源，并尝试找到更多的证据。

・与常识相违背：虚假信息通常与常识相违背，或者与已知事实不符。因此，当看到某类信息时，应该考虑其是否与已知事实相符。如果与已知事实不符，则可以怀疑其真实性。

・指向不明：虚假信息通常没有指向可靠来源的链接或引用。因此，当看到某类信息时，应该尝试找到指向该信息来源的链接或引用。如果没有找到链接或引用,则可以怀疑其真实性。

·情感化:虚假信息通常具有情感化的语言和内容,以激发人们的情感反应。因此,当看到某类信息时,应该尝试分析其是否具有情感化的语言和内容。如果有,则可以怀疑其真实性。

评估信息的可信度可以帮助我们识别虚假信息,避免被误导。以下是几种识别虚假信息、评估信息可信度的方法和技巧。

·信息交叉比对:搜索引擎可以提供大量的信息,并且可以通过查看不同来源的信息来判断该信息的真实性。也可以切换不同搜索引擎,或者使用不同的关键词来查找相关信息,以获得更多的信息来源和更全面的判断依据。

·查看信息的时间戳:一些虚假信息通常会使用旧的或过时的信息来误导读者。查看信息的时间戳可以告诉我们该信息的发布时间,从而判断该信息是否是最新的。一般来说,在大多数平台上,您可以在信息或帖子的详细页面上找到一个"时间戳"。它通常以"发布时间"或"最后更新时间"的形式出现。例如,如果您在社交媒体平台上查看帖子,那么您通常可以在帖子下方的信息栏中找到时间戳。

- **反复阅读信息的内容**：反复阅读信息的内容可以帮助我们判断该信息是否存在矛盾或不合理之处。一些虚假信息通常会存在明显的逻辑漏洞或无法自圆其说的情况，反复阅读可以让我们避免冲动，也更容易发现拼写错误、语法错误或不规范的表达方式，引起我们的警觉。

- **查看信息的评论和反馈**：查看信息的评论和反馈可以帮助我们了解其他人对该信息的看法和评价。如果信息中存在大量的负面评论或反馈，则需要更加谨慎评估信息的真实性。

- **查看相关或后续报道**：如果一个信息被多个可信的媒体机构报道，并经过深入的调查和验证，那么该信息很可能是真实的。相反，如果一个信息没有得到其他媒体机构的报道或验证，那么该信息可能是虚假的。

- **核实作者背景**：对于文章、报告等信息的作者，我们可以通过查看其学历、研究领域、出版物数量等来评估其专业性和可靠性。

- **利用技术工具**：一些技术工具，如搜索引擎、社交媒体平台等，可能提供信息可信度评估的功能。例如，搜索引擎可能会标记某些网站为不可靠或存在安全风险。

除以上方法之外，始终保持警惕也是甄别网络信息真假的重要方法之一。我们应该始终保持警惕，不轻易相信未经证实的信息。如果遇到一些过于夸张或不可思议的信息，或者信息的真实性无法得到证实，我们应该保持警惕，并积极查找其他来源的信息来判断该信息的真实性。例如网上充斥着大量的养生"秘笈"、致富妙招、"致癌"行为以及令人震惊的消息和新闻，我们需要练习的是对这些信息的惊悚程度"免疫"，要学会使用多频道、多维度的信息对信息来源进行查询和验证。结合本章所学，从自己最近获得的消息中挑选一两条进行多渠道验证，看看验证结果是否和自己想象的一致。

第三章 朗诵,创作语言艺术佳品

第一节　走近朗诵

朗诵是最古老的艺术形式之一，它和音乐、绘画、舞蹈等其他艺术形式一样，都是一种创造性的表达，将人类内心深处的情感、愿望和思考融入其中。朗诵作为一种表演艺术形式，其历史可以追溯到古希腊和古罗马时期。在那个时代，朗诵是演讲和辩论的重要手段，人们通过朗诵来传达思想、情感和信息。在欧洲文艺复兴时期，朗诵成了一种独立的艺术形式，被广泛应用于戏剧、诗歌和散文等领域。

在中国，朗诵作为一种表演艺术形式，也具有悠久的历史。朗诵艺术的文献记载历史最早可以追溯到西周时期，在距今三千年的甲骨文和金文中已出现了"诵""歌""咏"等字，说明商、周时代就有了不同的有声语言形态。《汉书·律历志》中也有关于朗诵的描述："《书》曰：'予欲闻六律、五声、八音、七始咏，以出内五言，女听。'"这里的"七始咏"是一种七段式的朗诵方式。在中国传统文化中，朗诵也是一种重要的文化传承方式，在文字尚未普及的时期，人们通过口口相传的方式传承诗歌，这些诗歌既是重要的文化遗产，也是早期的教学内容。在《论语》中，有"诵诗三百，授之以政"的记述，不仅反映了"诵"这一重要的教授途径，也揭示了《诗经》在当时的教育用途的重要性，甚至应用于政治和外交方面。

朗诵是早期人类文化传承、普及与发展的重要桥梁和手段，不仅在形式上创造美的享受，更在内容上传承思想与文化。到现代，朗诵则发展成为一种易于展现、易于参与、能提高生活质量和身心健康的艺术形式，非常适合老年人群体。

学习朗诵，对老年人群体有以下几个直接的益处。

· 提高语言能力和认知能力：为了达到好的朗诵效果，朗诵者需要非常熟悉甚至记住文本内容，并清晰地发音，这有助于提高语言能力和认知能力，对大脑的刺激和锻炼非常有益，可以有效预防认知衰退和记忆力减退。

· 增强情感表达：朗诵不仅是朗读文本，还是一种情感表达的方式。老年人可以通过朗诵来表达内心的情感，这有助于缓解负面情绪，提高情绪的稳定性。

· 促进社交互动：朗诵可以是一种社交活动，老年人可以与其他朗诵爱好者一起分享自己的理解和感受，这有助于增强他们的社交能力和人际交往能力。在朗诵活动中，老年人可以结识志同道合的朋友，分享彼此的经验和感受，建立社交网络。这种社交互动可以增强老年人的人际交往能力，提高他们的生活质量和幸福感。

·提升自信心：朗诵是一种表演艺术，它需要表演者通过声音、表情、动作等手段来传达情感和表现作品。这种艺术形式不仅需要表演者具备基本的语言表达能力，还需要有一定的表演技巧和艺术修养。通过朗诵，老年人可以提升和展示自己的才华和知识，这有助于提高他们的自信心和自尊心。

·缓解压力和促进健康：朗诵可以缓解老年人的压力，改善情绪，这对身心健康都有益。同时，朗读还可以增强老年人的肺功能，提高呼吸系统的健康水平。老年人可以通过朗诵来表达自己的情感和思想，宣泄内心的情绪和压力，达到情感上的愉悦和满足。

同时，朗诵也可以让老年人更好地理解作品中的情感和内涵，增强他们的情感体验和人文素养。朗诵的作品多种多样，包括诗歌、散文、小说等文学形式，也包括新闻、广告、演讲等实用文体。这些作品内容丰富，题材广泛，可以让老年人接触到更多的文化和知识，拓宽视野和思路。

一段好的朗诵，可以让听众更好地理解和感受朗诵内容，更加深入地感受到朗诵内容所表达的情感和思想，同时也能让听众感受到朗诵者的从容和自信。高超的朗诵技巧还能够展示出朗诵者对文本作品理解的独到之处，让听众感受到朗诵者的个性和独特见解，同时还极具吸引力、感染力和号召力，能与听众的感情融合在一起，声情并茂，引起共鸣。

朗诵艺术是由多个要素构成的，包括语言技巧、表演技巧、情感表达、舞台表现四个方面，一段朗诵表演的质量如何，我们通常也从这四个方面来进行判断：

首先是语言技巧，包括语音、语调、语速、重音等。这需要语言本身的准确传达，不仅要语音规范，吐字清晰，声音洪亮、圆润，还要语速适当，表达流畅、自然，能够用重音、停顿等技巧让听众更好地理解和感受朗诵内容。

其次是表演技巧，包括面部表情、肢体语言、眼神交流等。除了声音，朗诵者的体态也影响着朗诵者的表达，同时也需要以适当的表情和肢体增强作品的表现力和感染力。朗诵者的举手投足，眉目表情，都综合影响着一段朗诵表演的成功与否。

再次是情感表达，好的朗诵需要在确保字音规范的基础上增加情感的韵味，使之更具备艺术色彩。朗诵艺术需要把情感表达准确、自然、生动，通过情感传递作品中的主题和情感，与听众产生共鸣。

最后是朗诵者的舞台展现。欣赏朗诵的观众在聆听朗诵本身的同时，也在用眼睛观看着整段表演，所以这个过程中一切能够被听众听到、看到，包括服装、道具、灯光、音效等，都可以成为作品的一部分。

第二节　朗诵技法

朗诵是用有声语言塑造文字作品的艺术，发音的准确、声音条件的好坏都直接影响着朗诵的艺术效果。为了让听众听得清、听得懂、听得动情，朗诵者需要进行基本功的训练，以保证语音纯正、口齿清晰、声音洪亮饱满、情感传达清晰准确。进行朗诵的基本训练可以从以下几个方面入手。

·气息控制：气息是朗诵的基础，通过练习吸气和呼气，掌握控制气息的方法，可以增强声音的持久力和表现力。

·科学发声：包括口腔、喉腔的发音以及口腔、胸腔的共鸣。

·吐字归音：吐字归音是我国传统声乐艺术中提及咬字方法时所用的一个术语，它包括发音的基本要领和发音的审美要求。这种咬字方法从汉语语音特点出发，把一个音节的发音过程分为出字、立字、归音三个阶段，通过对每个阶段不同的控制，使吐字达到清晰、饱满、弹发有力的境界。

·语言技巧：学会合理地运用停顿，掌握适当的语速和语调，可以帮助朗诵者更好地表达情感、传递信息和营造氛围，同时也可以让听众更好地理解和感受文本内容。

·富于表现力：在训练中，不仅要注重声音表现力的提升，还要注重姿态、表情、手势动作等方面的训练。

一、气息控制

人类主要有两种呼吸方式：胸式呼吸和腹式呼吸。胸式呼吸主要依靠胸部肌肉来扩张和收缩，使空气进入肺部。这种呼吸方式在日常生活中比较常见，但在朗诵过程中，由于需要更多的氧气来支持发音和表达情感，所以胸式呼吸的氧气供应可能不够充足。腹式呼吸主要依靠腹部肌肉来扩张和收缩，使空气进入肺部。腹式呼吸可以提供更多的氧气，有助于提高朗诵时的声音质量和表现力。

另外还有一种特别的胸腹式联合呼吸法，它专门应用于朗诵、演讲、歌唱等表演领域中，结合了胸式呼吸和腹式呼吸的优点，能够提供足够的氧气支持声音的发出。这种呼吸方法是通过胸部和腹部的肌肉联合控制气息来实现的。在吸气时，胸部放松，腰部周围明显扩张，两肺底部的横膈膜向下运动，气息自然充分地吸入身体；在呼气时，胸腔扩张挺起，小腹向内向上收缩，横膈膜向上运动，将气息由肺部挤出，完成发声过程。在练习朗诵时，我们需要着重练习胸腹联合式呼吸，通过胸腹联合式呼吸来提高发音质量和表现力。

在进行朗诵时，气息的控制水平和声音的整体表现力息息相关，声音的强与弱、高与低、长与短、大与小，以及共鸣的位置状况，都需要气息控制作为支撑。良好的气息控制，需要达到以下几点标准。

· 气息要稳健、有力：在呼吸方面，要结合上文中的胸腹联合呼吸训练，始终让自己的身体感受到由气息产生的"对抗性力量"，不能让身体处于无力泄劲的状态。呼吸的节奏要保持基本的均匀、平稳，这样才能在基本有节奏的呼吸中找到不同情绪的灵活调整。

· 气息的使用要有效率：在一开始朗诵时，我们总会为了增强表现力而忽略气息的使用效率，大量地、不加节制地用气，致使朗诵者头晕气短、气息紊乱，甚至导致音色变形，反而失去了艺术感染力。用气不在多，而在巧。要在保证正确发声的前提下最低限度的使用气息，绝不浪费。

· 气息要持久：一方面，我们需要将每一口气的使用时间拉长；另一方面，我们需要保证在整个朗诵表演的过程中一直保持气息的稳定。尤其在遇到情感基调气势恢宏的作品时，不能朗诵到一半就"力竭"，使得作品表现割裂，更不能用蛮力硬撑，靠声嘶力竭的、不科学的气息完成朗诵。

· 气息要形成习惯：就像我们每个人生下来就会呼吸一样，胸腹联合呼吸的方法也应通过不断地训练而变成我们下意识的习惯。同时，在朗诵的艺术表达中，我们通常会通过调整呼吸节奏来表现不同的情绪情感，这个过程必须熟练、自如，变成下意识的习惯，不能暂停朗诵者的内心节奏，在基本的呼吸方法层面分心。就像我们在生活中表达不同情绪时都会自然而然地调整呼吸，朗诵的表演也应做到这一点。呼吸技巧要足够熟练，呼吸调整要灵活自如。

· 气息与声音要协调配合：朗诵的气息和声音需要科学地配合。在我们的声音较高时，气息就要深沉、稳重，这样才能给高音提供坚实的气息基础；当我们的声音较大时，气息就要更加饱满，尽可能地将隔膜下移，保证腰部强劲的对抗性力量，这样才能让声音大而平稳，雄浑有力；当我们的声音较弱时，要特别注意气息的稳健，不能因为声音变弱就放松身体肌肉，从而导致声带的振动失去依托，声音的共鸣感也会因此减弱；当我们的声音低沉时，要特别注意保持住腹部的紧张感和腰部的对抗感，要在内部形成"提气"的感觉，否则会让低音失去其应有的表现力。

以下的这些训练方法可以帮助我们提升呼吸效率，掌握呼吸节奏，从而更好地控制自己的呼吸和声音。争取做到每天练习，不仅可以积累气息控制的经验，也颇有强身健体的益处。

1. 呼吸节奏训练

为了加强对正确的呼吸要领的体会，我们可以用以下节奏来进行呼吸训练。

- 盒子呼吸：首先吸气数到四，然后屏住呼吸数到四，再用嘴呼气数到四。循环这个过程，整个流程可以闭上眼，想象自己头脑中正在循环构建和分解一个四方盒子。

- 三角形呼吸：这种呼吸方式与盒子呼吸类似，首先鼻子吸气数三下，然后屏住呼吸数三下，再用嘴呼气数三下，循环往复。

- 4-7-8 呼吸：首先坐在椅子上或者怎么舒服怎么待着，从完全呼气开始，然后通过鼻子吸气四秒，屏住呼吸七秒，用嘴呼气八秒。

- 快速协调性呼吸：这种训练方法可以帮助我们感知呼吸的力度、速度、呼吸量、肌肉运动方向以及气息与肌肉的协调性。具体训练方法是：准备站姿，身体挺拔舒展，双腿自然分开，平视前方，双手握拳顶在腰两侧的腰眼上；张大嘴，略带惊讶、喜悦状，快速将气息舒展的吸入腰部；双唇收拢成小圆洞状，快速收腹吐气；吸气大约0.3秒，吐气大约0.7秒；每次训练时可以练两组，每组十至十五个呼吸即可。

2. 胸腹联合呼吸训练

- 平躺姿势的呼吸训练：仰面躺在平整的地板或床上，双手自然放松地置于身体两侧，保证身体从头部到足部保持在一条直线上。调整后背，让背部和腰部的肌肉尽可能充分的与地板接触。双眼自然闭合，心情放松，接着自然地进行呼吸。在吸气时，专注认真地感受腰部给予地板的对抗力量。接着，在呼气时专注认真地感受腰部逐渐放松、与地板之间的对抗力量逐步泄掉，肌肉逐渐回收到初始状态。不断改变呼吸节奏，慢吸慢呼、快吸快呼、慢吸快呼、快吸慢呼，认真体会在不同的呼吸规律下，背部和腰部肌肉与地板之间的对抗力量。反复练习，认真体会，不断总结自己的感受。

· 正坐的胸腹联合呼吸训练：盘腿坐在平整的地板或床上，注意保持身体颈部和腰部的挺拔直立，双手自然放松地放在膝盖上。双眼自然闭合，心情放松，接着自然地进行呼吸。呼气时，身体以胯部为基点，自然放松地向前前倾，一直到全部气息呼尽。吸气时，认真专注地感受随着气息的进入，腹部、腰部的充盈感，与双腿之间的接触部位产生的对抗力量，顺着这种对抗力量让身体慢慢地恢复直立挺拔。就这样，再呼气时，随着气息的泄出，让身体自然地放松前倾，仿佛被放了气的气球一般；再通过吸气，让腹部和腰部充盈，利用与双腿之间的对抗力重新直立。注意在呼气时依然要保持腰背的挺拔。如此反复练习，认真体会，不断总结自己的感受。

· 站立的胸腹联合呼吸训练：双脚与肩同宽，眼睛平视前方，鼻子吸气，嘴巴呼气。吸气时，肩膀下沉，小腹微收，深深的叹气，全身放松。双手左右分开于胸前大约30厘米，深吸气后，一口气发出三个结实响亮的"hei"音："hei, hei, hei"，发音过程中，双手要向下抖动，这是第一步练习。第二步练习在此基础上增加发音次数,直到一口气能够连发七八个"hei"音。当第二步练习坚持数日,呼吸训练者获得了一种自动进气的感觉之后,接着开始第三步练习,由慢到快地连发"hei"音,一直到要慢就慢、要快就快的自如程度为止。在做好第三步的基础上,可以继续做改变音高、音量和音色的连发"hei"音练习。

3. 快吸慢呼训练

在掌握了上述正确的呼吸方法后,将吸气的时间压缩,尝试快速地深吸一口气,并保持住气息,接着通过发"a"的元音,缓慢地释放气息。可以反复尝试几次,尽可能地延长呼气的时间。

使用快吸慢呼的方法,放慢速度发出以下四声:

八、拔、把、罢;
搭、达、打、大。

可以反复练习,以延长呼气的时间,另外需要注意发音吐字要清晰准确。

4. 快速换气训练

熟练掌握上述的训练方法和具体练习后,可以进行整段文字的气息控制训练。请气息通畅、稳定地朗诵出以下句子,并注意需要快速换气的位置。

　　白石塔(换)白石搭(换)白石搭白塔(换)白塔白石搭(换)搭好白石塔(换)白塔白又大。
　　中国伟大(换)山河美丽。
　　玉不琢(换)不成器(换)人不学(换)不知义(换)为人子(换)方少时(换)亲师友(换)习礼仪。

在上述训练达到纯熟的水平之后,可以逐渐延长换气的时间,根据自身条件特点安排换气位置。

　　出东门,过大桥,大桥底下一树枣,拿着竿子去打枣,青的多红的少,一个枣,两个枣,三个枣,四个枣,五个枣,六个枣,七个枣,八个枣,九个枣,十个枣;十个枣,九个枣,八个枣,七个枣,六个枣,五个枣,四个枣,三个枣,两个枣,一个枣。

　　广场上飘红旗,看你能数多少面旗:一面旗,两面旗,三面旗,四面旗,五面旗,六面旗,七面旗,八面旗，九面旗，十面旗。

5.气息强弱控制训练

深吸气，缓缓呼出，随着呼气缓慢地发出"ai、uai、uang、iang"这几个音。请注意要让发音持久绵长。在此基础上，夸大音调，延长发音，试着强调出音调发以下声音：

花——好——月——圆
鸟——语——花——香
融——会——贯——通

熟练掌握后，扩大音调，控制气息，尽可能地扩展音域。

大风歌
汉·刘邦

大风起兮云飞扬。
威加海内兮归故乡。
安得猛士兮守四方！

己亥杂诗（其一二五）
清·龚自珍

九州生气恃风雷，万马齐喑究可哀。
我劝天公重抖擞，不拘一格降人才。

菩萨蛮·黄鹤楼
毛泽东

茫茫九派流中国，沉沉一线穿南北。烟雨莽苍苍，龟蛇锁大江。

黄鹤知何去？剩有游人处。把酒酹滔滔，心潮逐浪高！

6.综合训练

在熟练掌握了呼吸方法和控制气息的技巧后，可以进行接下来的综合训练，需要注意在进行大段文字的发声时要精巧安排换气的位置，有时需要在尽量不被察觉的基础上进行"偷气"。请在训练中不断体会和总结。

将进酒
唐·李白

君不见黄河之水天上来,奔流到海不复回。
君不见高堂明镜悲白发,朝如青丝暮成雪。
人生得意须尽欢,莫使金樽空对月。
天生我材必有用,千金散尽还复来。
烹羊宰牛且为乐,会须一饮三百杯。
岑夫子,丹丘生,将进酒,杯莫停。
与君歌一曲,请君为我倾耳听。
钟鼓馔玉不足贵,但愿长醉不愿醒。
古来圣贤皆寂寞,惟有饮者留其名。
陈王昔时宴平乐,斗酒十千恣欢谑。
主人何为言少钱,径须沽取对君酌。
五花马、千金裘,呼儿将出换美酒,与尔同销万古愁。

熟读下面的绕口令《十八愁》,试着练习延长使用气息的时间,找到合适的换气位置。

数九寒天冷风嗖,转年春打六九头。正月十五龙灯会,一对狮子滚绣球。三月三,王母娘娘蟠桃会,孙悟空大闹天宫把仙桃偷。五月初五端阳节，白蛇许仙不到头。七月初七天河配，牛郎织女泪交流。八月十五云遮月，月里嫦娥犯忧愁。要说愁，咱们净说愁，一气儿说上十八愁：虎也愁，狼也愁，象也愁，鹿也愁，羊也愁，牛也愁，骡子也愁马也愁。猪愁，狗愁，鹅愁，鸭愁，蛤蟆愁，螃蟹愁，蛤蜊愁，乌龟愁，鱼愁虾愁各自有分由——虎愁不敢下高山，狼愁野心不改耍滑头，象愁鼻长皮又厚，鹿愁脑袋七岔八岔长犄角，羊愁从小长胡子，牛愁愁得犯牛轴。马愁背鞍行千里，骡子愁它是一世休。狗愁改不了那净吃屎，猪愁离不开它臭水沟。鸭子愁得扁了嘴，鹅愁脑袋长了个大锛儿头，蛤蟆愁了一身脓疱疥，螃蟹愁的是净横搂，蛤蜊愁闭关自守，乌龟愁不敢出头，鱼愁出水不能走，虾米愁，空枪乱扎没准头！

朗诵诗作《相信未来》，着重练习气息的控制，尤其注意在情感饱满澎湃时应该如何用气，体会腰部的对抗感、练习"偷气"的技巧，也尝试在轻重音不断变化中表达情绪和情感的起伏。

相信未来
食 指

当蜘蛛网无情地查封了我的炉台,
当灰烬的余烟叹息着贫困的悲哀,
我依然固执地铺平失望的灰烬,
用美丽的雪花写下:相信未来。

当我的紫葡萄化为深秋的露水,
当我的鲜花依偎在别人的情怀,
我依然固执地用凝霜的枯藤,
在凄凉的大地上写下:相信未来。

我要用手指那涌向天边的排浪,
我要用手掌那托住太阳的大海,
摇曳着曙光那温暖漂亮的笔杆,
用孩子的笔体写下:相信未来。

我之所以坚定地相信未来,
是我相信未来人们的眼睛,
她有拨开历史风尘的睫毛,
她有看透岁月篇章的瞳孔。

不管人们对于我们腐烂的皮肉,
那些迷途的惆怅、失败的苦痛,
是寄予感动的热泪,深切的同情,
还是给以轻蔑的微笑,辛辣的嘲讽。
我坚信人们对于我们的脊骨,
那无数次的探索、迷途、失败和成功,
一定会给予热情、客观、公正的评定,
是的,我焦急地等待着他们的评定。

朋友,坚定地相信未来吧,
相信不屈不挠的努力,
相信战胜死亡的年轻,
相信未来,热爱生命。

二、共鸣控制

人体的发声系统包括喉头、声带、咽腔、口腔、鼻腔、唇齿、舌头等部位。

·喉头:喉头是一个重要的发声器官,位于甲状软骨下方,由甲状软骨、环状软骨和两块杓状软骨组成。

·声带:声带位于喉头中间,是两片富有弹性的薄膜，由声带肌、声带韧带和黏膜组成。

·咽腔：咽腔是连接口腔和鼻腔的管道，也是发声系统中重要的共鸣腔之一。

·口腔：口腔是发声系统中重要的咬字器官，它由唇、齿、舌等组成。

·鼻腔：鼻腔是发声系统中重要的共鸣腔之一，它能够通过软腭和鼻腔的形状变化来控制声音的共鸣效果。

·唇齿：唇齿是发声系统中控制气流的重要部位，它能够通过唇形的变化和牙齿的咬合来控制气流的流向和强度。

·舌头：舌头是发声系统中重要的咬字器官之一，通过舌头的动作可以控制口腔的形状和声音的质量。

这些部位共同协作，使得人体能够发出各种声音。人体中有许多能够产生共鸣的空间，比如口腔、喉部、鼻腔、头部、胸部、腹部等。当气流冲击我们的声带使得声音发出后，通过上述的这些腔体空间产生了声波的共振，使得声音的质感得到了进一步加强。在产生共鸣的过程中，共鸣腔将从声带发出的原声进行调解扩大，让声音变得清晰而洪亮，使其传播遥远，产生"穿透力"。

共鸣的不同位置会使声波产生不同的振动效果，从而让音色产生区别，丰富声音的色彩。人的声音可以分为高、中、低三个基本音区。朗诵的发声大部分集中于中音区，因此朗诵发声时使用的共鸣腔会以口腔共鸣和胸腔为主，但在较高的发音时，需要使用部分的头腔共鸣，而在较低的发音时，需要使用部分的鼻腔共鸣。

利用共鸣来达到声音的穿透力比提高嗓门、提高音调更科学，也更有效果，可以帮助我们保护声带。同时，经过共鸣修饰后的声音也会更加忠实于朗诵者自身的声音条件，使朗诵者自己的声音特色得到彰显。

1. 口腔共鸣

口腔是气息冲击声带之后，最主要形成声音的共鸣腔，也是决定音色的主要共鸣腔。控制口腔共鸣的核心是舌头的位置。通过舌头位置的变化和嘴唇展开形状的变化，可以形成不同的语音，这也是正确吐字发音的基础。

控制口腔前部和喉部的开合度十分重要。正确的方法是让整个口腔形成一个唇边开口的椭圆形。这样的口型里面大、外面小，利于拢住气息。口腔的上颚需要拱起，拱起程度较大则声音较为洪亮。口腔前部的拱起主要依靠降低舌头前段的位置来实现，注意上下颌的开合度，以免牵扯太大而造成颊肌紧张；口腔后部的空间根据个人情况适当扩张，以声音不会靠后、发闷为原则。

适当地紧缩口腔肌肉，可以使得口腔壁的硬度增加。口腔壁硬度增加后，会帮助声音延长混响时间，从而让声音变得更加清晰有力。口腔过于松弛，造成口腔壁绵软，声音就会含混，不具备穿透力。

一个简单直接的方法是试着练习"微笑"。面部露出微笑表情时，笑肌和其他表情肌会收缩，使得舌高点后移，舌面降低之后，会使前口腔加大，将发音的宽度和音色的亮度提升加强。

口腔前部的形状对共鸣腔的音色和共鸣效果有很大影响，如果想要改变口腔共鸣的腔调，可以调整嘴唇的形状，例如，嘴唇向两边展开，可以使共鸣腔变得宽阔，产生更加明亮、清晰的共鸣效果；嘴唇向中间收缩，可以使共鸣腔变得狭窄，产生更加低沉、混浊的共鸣效果。

练习口腔共鸣可以采取以下方法。

（1）打哈欠

打哈欠是体会"咽腔充分打开"的感觉的最佳方式。练习者需要找"半打哈欠"的感觉，此时上颚、软腭都起到了"拉紧"的作用，声音"聚点"就在软腭后咽壁上了。

（2）模仿练习

音调练习法是通过模仿动物的声音来体会口腔共鸣的感觉。例如，可以模仿牛的叫声来体会口腔共鸣，同时也可以锻炼口腔肌肉。

（3）唇舌练习

唇舌练习法主要是通过发出不同的音节来锻炼口腔肌肉和唇舌的灵活性。例如，可以尝试发出以下音节，并逐渐加快速度和加大音量。在发音时，注意体会上下嘴唇集中用力，下颌放松，咽腔打开，适当地绷紧口腔肌肉，同时保持自然地微笑。

bā——bī——bū
pā——pī——pū
mā——mī——mū

在上述训练的基础上，练习下面的词语：

澎湃、碰壁、蓬勃、批判、抨击、冰雹、把柄、波澜壮阔、波涛汹涌、波谲云诡、百炼成钢、白山黑水、壁垒森严在练习上述词语的基础上，对下面的绕口令进行练习。

请仔细体会发音时口腔应有的状态。

八百标兵奔北坡，炮兵并排北边跑。炮兵怕把标兵碰，标兵怕碰炮兵炮。

八了百了标了兵了奔了北了坡，炮了兵了并了排了北了边了跑。炮了兵了怕了把了标了兵了碰，标了兵了怕了碰了炮了兵了炮。

金瓜瓜，银瓜瓜，瓜棚上面结满瓜，瓜瓜落下来，打着小娃娃，娃娃叫妈妈，娃娃怪瓜瓜，瓜瓜笑娃娃。

以上方法可以帮助你练习口腔共鸣，但需要注意的是，每个人的口腔结构和发音习惯都不同，因此需要根据个人情况进行适当的调整和练习。同时，也需要注意正确的姿势和呼吸方式，避免因不当练习导致的伤害。

2. 胸腔共鸣

胸腔的空间较大，共鸣的效果也更好，会使发出的声音浑厚、宽广。尤其在需要声音效果低沉和浑厚时，需要使用胸腔共鸣。胸腔共鸣结合口腔共鸣，会给听众带来声音庄严、浑厚的感觉。

想要展现胸腔共鸣的魅力，需要首先保证声音在口腔、喉部和鼻腔各部位得到很好的共鸣。在发声时，需要尽可能地放松声带，此时要下降喉头，稍微挺起胸膛，下颌自然下垂，喉部稍微扩张，有一种"半打哈欠"的感觉，同时使腹肌略紧张，这样就能使声音在胸部位置共振起来。

下面我们通过一些练习来体会胸腔共鸣的感觉。

（1）共鸣感知练习

请在感受舒适自然的基础上发出以下元音，体会鼻腔、口腔和胸腔贯通的共鸣状态。在发出声音时，可以用手轻轻地按在胸腔上，感受胸部的振动状态。尝试改变声音发出的调值，可以尝试声音增高，体会胸腔共鸣的减弱；尝试降低音调，体会胸腔共鸣的增强。

ā——ā——ā
ō——ō——ō
ē——ē——ē
ī——ī——ī
ū——ū——ū
ǖ——ǖ——ǖ

进一步练习，夸大地发出"上声"的字音，体会气息下沉、胸腔振动的感觉。

好——好——好
早——早——早
老——老——老
口——口——口
百——百——百

绕口令练习，体会声音从胸部穿透出来，浑厚有力的感觉。

忽听门外人咬狗，拿起门来开开手。拾起狗来打砖头，又被砖头咬了手。从来不说颠倒话，口袋驮着骡子走。

（2）综合实战练习

胸腔共鸣有助于表现深沉厚重、忧伤、忧郁等情感。一首作品的朗诵需要用到不同的共鸣效果，实战时需要根据朗诵内容和情感表达，在共鸣方式上灵活调整，使音色音量运用自如。朗诵曹操的名篇《观沧海》，感受口腔共鸣和胸腔共鸣的综合运用。

观沧海
东汉末·曹操

东临碣石，以观沧海。
水何澹澹，山岛竦峙。
树木丛生，百草丰茂。
秋风萧瑟，洪波涌起。
日月之行，若出其中；
星汉灿烂，若出其里。
幸甚至哉，歌以咏志。

3. 鼻腔共鸣

鼻腔共鸣是声波在鼻腔内的振动，运用鼻腔共鸣会感觉声音的着力点靠前，声音明亮而具有美好的音色。鼻腔共鸣的要领是掌握软腭的放松技巧。软腭放松时，鼻腔与口腔的通路连接，有利于声音传导至鼻腔内壁，可以感受到鼻腔的震动。

下面推荐一些鼻腔共鸣的练习。

（1）发音练习

用大拇指和食指轻轻按住鼻骨的两侧，体会接下来这几组语音在鼻腔振动方面的不同。练习下面一组发音，声音打到硬腭的前端，体会鼻腔的微弱振动。

bā——bī——bū
pā——pī——pū

练习下面一组发音,体会鼻腔振动的增强。

mā——mī——mū
nā——nī——nū

通过感受鼻腔振动的异同,可以体会到发出纯a的元音时,鼻腔共鸣较弱;而发出i和u的元音时,鼻腔共鸣就会更强一点。试着练习下面的元音发音进行体会。

ā——á——ǎ——à
ī——í——ǐ——ì
ū——ú——ǔ——ù

在此基础上,我们练习以下哼鸣,体会鼻腔振动的感觉。

哼唱m,体会鼻道中的气息振动和软腭的前部紧张;

哼唱n,体会软腭中部的振动;

哼唱ng，体会软腭后部的震动，打开鼻腔靠近咽部的位置。

接着，认真练习和体会以下发音的结合。

b——āng——bāng
p——āng——pāng
m——āng——māng

（2）综合练习

请进行以下发音的练习，认真体会鼻腔的振动。

妈妈——光芒——中央
蹦跳——头脑——东方

长城长，城墙长，长长长城长城墙，城墙长长城长长。

老翁卖酒老翁买，老翁买酒老翁卖。

4. 头腔共鸣

头腔共鸣建立在鼻腔共鸣的基础之上，感觉声音进入到了鼻腔上部空间所产生的共鸣。头腔共鸣会让音色变得明亮、华丽，在正确进行头腔共鸣时可以感受到眉心、前额等部位有轻微的振动感觉。

头腔共鸣建立在高音的基础上，因此有一定的难度，也在朗诵作品中并不经常使用。然而，为了达到某些特殊的情感色彩，朗诵者也须掌握头腔共鸣的方法。

头腔共鸣需要保持好呼吸的节奏，同时将口腔共鸣的音波向后上方传递，舌头隆起，不让音波从双唇中流出。在这种情况下，音波被迫冲向鼻窦，与窦室空间共振，因而产生了头腔共鸣。请注意，在进行头腔共鸣时需要保持后脖颈的强劲有力，喉头部位放松，腹部用力保持紧张，感受声音被集中在眉心处的感觉。接下来的训练可以帮助我们练习掌握头腔共鸣的基本方法。

（1）基础练习

尝试将下面的元音按照音阶从最低音发到最高音，并在此过程中体会共鸣状态的变化。

ā——ī——ū

接下来，尝试发出下面的音，注意下颌微微内收，腹部紧张，腰部体会到对抗感，同时后脖颈保持强劲，喉头放松，有意识地利用腹部肌肉向上弹射气流，感受气柱向上冲击的感觉。

hèi——hà——hòu

kèi——kà——kòu

pèi——pà——pòu

yè——yà——yòu

（2）综合练习

在完成了上述口腔共鸣、胸腔共鸣、鼻腔共鸣和头腔共鸣的练习后，请进行下面的综合练习，着重体会不同共鸣位置带来的朗诵情感色彩。

首先，朗诵下面的作品，着重感受胸腔共鸣及其带来的情感色彩。

少年中国说（节选）
清·梁启超

故今日之责任，不在他人，而全在我少年。少年智则国智，少年富则国富；少年强则国强，少年独立则国独立；少年自由则国自由；少年进步则国进步；少年胜于欧洲，则国胜于欧洲；少年雄于地球，则国雄于地球。

红日初升，其道大光。河出伏流，一泻汪洋。潜龙腾渊，鳞爪飞扬。乳虎啸谷，百兽震惶。鹰隼试翼,风尘翕张。奇花初胎,矞矞皇皇。干将发硎,有作其芒。天戴其苍,地履其黄。纵有千古,横有八荒。前途似海,来日方长。

美哉我少年中国,与天不老!壮哉我中国少年,与国无疆!

朗诵下面这首海子的诗作《面朝大海,春暖花开》,着重感受口腔共鸣和鼻腔共鸣带来的情感色彩。

面朝大海,春暖花开
海 子

从明天起,做一个幸福的人
喂马,劈柴,周游世界
从明天起,关心粮食和蔬菜
我有一所房子,面朝大海,春暖花开

从明天起,和每一个亲人通信
告诉他们我的幸福
那幸福的闪电告诉我的
我将告诉每一个人

给每一条河每一座山取一个温暖的名字
陌生人,我也为你祝福
愿你有一个灿烂的前程
愿你有情人终成眷属
愿你在尘世获得幸福
我只愿面朝大海,春暖花开

朗诵《岳阳楼记》,综合体会胸腔共鸣、口腔共鸣和头腔共鸣的感觉。

岳阳楼记
宋·范仲淹

庆历四年春,滕子京谪守巴陵郡。越明年,政通人和,百废具兴,乃重修岳阳楼,增其旧制,刻唐贤今人诗赋于其上,属予作文以记之。

予观夫巴陵胜状,在洞庭一湖。衔远山,吞长江,浩浩汤汤,横无际涯,朝晖夕阴,气象万千,此则岳阳楼之大观也,前人之述备矣。然则北通巫峡,南极潇湘,迁客骚人,多会于此,览物之情,得无异乎?

若夫淫雨霏霏,连月不开,阴风怒号,浊浪排空,日星隐曜，山岳潜形，商旅不行，樯倾楫摧，薄暮冥冥，虎啸猿啼。登斯楼也，则有去国怀乡，忧谗畏讥，满目萧然，感极而悲者矣。

至若春和景明，波澜不惊，上下天光，一碧万顷，沙鸥翔集，锦鳞游泳，岸芷汀兰，郁郁青青。而或长烟一空，皓月千里，浮光跃金，静影沉璧，渔歌互答，此乐何极！登斯楼也，则有心旷神怡，宠辱偕忘，把酒临风，其喜洋洋者矣。

嗟夫！予尝求古仁人之心，或异二者之为，何哉？不以物喜，不以己悲，居庙堂之高则忧其民，处江湖之远则忧其君。是进亦忧，退亦忧。然则何时而乐耶？其必曰"先天下之忧而忧，后天下之乐而乐"乎！噫！微斯人，吾谁与归？时六年九月十五日。

三、吐字归音

吐字归音是一种中国传统戏曲声乐艺术的发音方法，根据汉语语音特点，将一个音节的发音过程分为"出字""立字""归音"三个阶段，通过精心控制每一个阶段，使吐字达到清晰有力、珠圆玉润的境界。在"吐字归音"的实践中，要求"出字要叼住弹出，立字要拉开立起，归音要到位弱收"，使语音更为准确

第三章 朗诵，创作语言艺术佳品

有力。

吐字归音不仅在戏曲艺术中有所应用，还渗透到了歌唱、话剧等艺术语言以及播音实践中。朗诵的"吐字"训练，是指为了达到朗诵在"吐字归音"方面的基本要求而进行的训练。吐字归音，讲究对口腔发音的控制，其要求可以概括为以下几个方面。

· 唇舌灵活：唇舌灵活是语音流畅、自如的前提，在这方面达不到一定标准，就会出现吃字（音节部分或全部含混不清）、滚字（音节间"粘连"）、走音现象和语言的僵滞。

· 力量集中：在这方面达不到一定标准，则会出现出字（起音无力，使字音散射）、夹音（韵尾残缺，使字音"夹尾巴"）、鼻音过重（口腔气流通路不畅，使字音沉闷）等问题。

· 打开口腔：打开口腔不等于张大嘴巴，张大嘴巴往往鼻音过重。吐字要有较充分的口腔开度，但必须是有序的，如唇形拢圆；舌放平、不乱动；上颚提起如闻馨；腮不鼓绝无送气之嫌；面部肌肉不紧不僵等。打开口腔的意义不仅仅在于扩大音响效果和解决"字音散射"的问题，保证"字音清晰"，它同时也是为了扩大"字音空间"，解决"字音单薄"的问题，保证"字音丰满"。

- 声音发出的路线：声音发出的路线是气息从肺部经过气管呼出，振动声带发出声音；由咽腔、喉腔、口腔、鼻腔组成的声道共鸣器官使声波由口腔传出而达口外；口形合不拢则声音会飘散无着。

- 字音的着力位置正确：指发音时力量最后终止的地方。例如"光"（guāng），发音时力量最后终止在唇上；"方"（fāng），发音时力量最后终止在鼻腔；"糖"（táng），发音时力量最后终止在舌前。发音时力量最后终止的部位一般是：一声、二声在舌前，三声在舌尖，四声在舌后。

1. 声母发音要领

汉语的音节一般是由声母、韵母和声调三个部分构成。声母是音节开头的部分，由辅音充当。在汉语拼音中，声母有21个，以下是声母的发声要领：

b：上下嘴唇紧闭，阻塞住气流，随着发音上下嘴唇爆发式地张开。注意，在爆发成声时，口中不送气；

p：发音原理与b相同。但在爆发成声时，需要送气；

m：上下嘴唇紧闭，软腭部位放松垂下，随着声带颤动，气息从鼻腔位置透出；

f：上门牙与下嘴唇接触，气息从上门牙和嘴唇的缝隙中摩擦送出，产生发音；

d：舌尖抵住上牙床，在发音时舌尖用力地弹开。注意，在用力弹开时，不送气；

t：发音原理与d相同。但在用力弹开时，送气；

n：舌尖抵住上牙床，软腭部位放松下垂，随着声带颤动，气息从鼻腔位置透出；

l：舌尖抵住上牙床，声带颤动，舌头中间的通路阻塞，气息从舌头左右两侧送出；

g：舌根抵住软腭部位，发音时突然放开。注意，放开时，不送气；

k：发音原理与g相同。但在突然放开时，送气；

h：舌根靠近软腭部位，气息从舌根和软腭中间的空隙位置摩擦送出；

j：舌面向上贴近硬腭的前端位置，舌尖自然下垂。在发音时，气息从舌面和硬腭的缝隙中透出；

q：发音原理与j相同。但在发音时主动送气；

x：舌面向上接近硬腭的前端位置，发音时，气息从舌面和硬腭中间的空间摩擦送出；

zh：舌尖上翘，舌尖位置接触硬腭前端位置，发音时，气息从缝隙中透出；

ch：发音原理与zh相同，发音时主动送气；

sh：舌尖上翘，舌尖位置接近硬腭前端位置，发音时，气息从缝隙中透出；

r：发音原理与r相同，声带在发音时振动；

z：舌尖平伸，接近上门牙的牙齿背面，发音时，气息从缝隙中透出；

c：发音原理与z相同。发音时主动送气；

s：舌尖平伸，接近上门牙的牙齿背面，发音时，气息从上下门牙的缝隙中摩擦送出。

声母是音节的重要组成部分，正确的声母发音可以提高音准和发音清晰度，使别人更容易听懂和理解。不同的语言环境和方言中，声母的发音可能会有所不同，需要进行一些训练才能更加标准。

（1）双唇音"b、p、m"的训练

在"b、p、m"三个音时，要注意发音位置的正确和双唇的爆发力；尤其在发"m"音时，要有力量，否则声音困在鼻腔无法发出，音色发暗发闷；在发"p"

音时要注意控制气流，否则会产生较大噪音，在朗诵时造成"喷麦"的失误。

请反复练习以下绕口令，体会发音技巧，保证发音清晰、准确，具有爆破力。

张伯伯，李伯伯，饽饽铺里买饽饽。张伯伯买了个饽饽大，李伯伯买了个大饽饽，拿回家里喂婆婆，婆婆又去比饽饽。也不知是张伯伯买的饽饽大，还是李伯伯买的大饽饽。

炮兵攻打八面坡，炮兵排排炮弹齐发射。步兵逼近八面坡，歼敌八千八百八十多。

妈妈骂马妈妈种麻，我去放马，马吃了麻，妈妈骂马。

（2）唇齿音"f"的训练

在发"f"音时，要注意上门牙和下嘴唇的接触应自然，不能用力咬住，否则会造成发音的力量分散，发音不准。

请反复练习以下绕口令，注意"f"的发音技巧。同时，作为擦音，要注意节约气息用量。

红饭碗，黄饭碗，红饭碗盛满饭碗，黄饭碗

盛半饭碗，黄饭碗添半饭碗，就像红饭碗一样满饭碗。

粉红墙上画凤凰，红凤凰，粉凤凰，粉红凤凰，红粉凤凰，黄凤凰。

（3）舌尖中音"d、t、n、l"的训练

在发"d、t、n、l"的音时，要注意舌尖具有力度和弹性，否则发音松散，失去准确性。注意区分"n、l"的发音，不要混乱。

请反复练习以下绕口令：

会炖我的炖冻豆腐，来炖我的炖冻豆腐。不会炖我的炖冻豆腐，就别炖我的炖冻豆腐。要是混充会炖我的炖冻豆腐，炖坏了我的炖冻豆腐，那就吃不成我的炖冻豆腐。

东洞庭，西洞庭，洞庭山上一根藤，藤条头上挂铜铃。风吹藤动铜铃动，风停藤定铜铃静。

老龙恼怒闹老农，老农恼怒闹老龙；农怒龙恼农更怒，龙恼农怒龙怕农。

新郎和新娘，柳林底下来乘凉。新娘问新郎，你是下湖去挖泥，还是下田去扶犁？新郎问新娘，你坐柳下把书念，还是下湖去采莲？新娘抿嘴乐，我采莲，你挖泥，我拉牛，你扶犁，挖完了泥，采完了莲，扶完了犁，咱俩再来把书念。

门外有四辆四轮大马车，你爱拉哪两辆就拉哪两辆。拉两辆，留两辆。

（4）舌根音"g、k、h"的训练

在发"g、k、h"的音时，要注意发音位置不要太靠后，否则会使发音状态不对，产生过多的喉音，影响发音的准确性。

请反复练习以下绕口令，注意体会发音时舌根位置与软腭位置的关系。

老华工葛盖谷，刚刚过了海关归国观光，来到海港，观看故国港口风光。昔日港口空空旷旷，如今盖满楼阁，街道宽广。过去高官克扣港口渔工，鳏寡孤独尸骨抛山岗。如今只见桅杆高挂帆，渔歌高亢唱海港。归国观光的葛盖谷无限感慨，感慨故国港口无限风光。

哥挎瓜筐过宽沟，过沟筐漏瓜滚沟。隔沟够瓜瓜筐扣，瓜滚筐空哥怪沟。

哥哥挂钩，钩挂哥哥刚穿的白小褂儿。姑姑隔着隔扇去钩鼓，鼓高姑姑难钩鼓，哥哥帮姑去钩鼓，姑姑帮哥哥把小褂儿补。

（5）舌面音"j、q、x"的训练

在发"j、q、x"的音时注意舌尖下垂，抵住下牙齿的齿背，位置不能过于靠上，也不能过于靠下。

请反复练习以下绕口令：

墙头高，墙头低，墙旮旯有对蛐蛐，在那儿吹大气。大蛐蛐说："昨儿个我吃了两只花不愣登的大老虎。"小蛐蛐说："今儿个我吃了两只灰不溜秋的大毛驴。"大蛐蛐说："我在南山爪子一抬，踢倒了十棵大柳树。"小蛐蛐说："我在北海大嘴一张，吞了十条大鲸鱼。"两个蛐蛐正在吹大气，扑棱棱打东边飞来一只芦花大公鸡。你看这只公鸡有多愣，它"哆"的一声吃了那只小蛐蛐。大蛐蛐一看生了气，它龇牙捋须一伸腿，唉！它也喂了鸡！哈哈，看它还吹大气不吹大气！

七巷一个漆匠，西巷一个锡匠。七巷漆匠用了西巷锡匠的锡，西巷锡匠拿了七巷漆匠的漆，七巷漆匠气西巷锡匠用了漆，西巷锡匠讥七巷漆匠拿了锡。

（6）翘舌音"zh、ch、sh、r"的训练

在发"zh、ch、sh、r"的音时，要注意发音时将牙关打开，上下牙齿之间保留必要的空隙。

请反复练习以下绕口令：

四是四，十是十，十四是十四，四十是四十，谁说十四是四十，就罚谁十四，谁说四十是十四，就罚谁四十。

山前有四十四棵死涩柿子树，山后有四十四只石狮子。山前的四十四棵死涩柿子树，涩死了山后的四十四只石狮子。山后的四十四只石狮子，咬死了山前的四十四棵死涩柿子树。不知是山前的四十四棵死涩柿子树涩死了山后的四十四只石狮子，还是山后的四十四只石狮子咬死了山前的四十四棵死涩柿子树。

史老师，讲时事，常学时事长知识。时事学习看报纸，报纸登的是时事。常看报纸要多思，心里装着天下事。

（7）平舌音"z、c、s"的训练

在发"z、c、s"的音时，要注意在发音的过程中声带不颤动，凭借较弱的气息力量将舌尖和齿背的连接

关系冲开，从窄缝中发出透出，摩擦出声。

请反复练习以下绕口令：

长蛇围着砖堆转，转完了砖堆钻砖堆。

刚往窗上糊字纸，你就隔着窗户撕字纸，一次撕下横字纸，一次撕下竖字纸，横竖两次撕了四十四张湿字纸！是字纸你就撕字纸，不是字纸，你就不要胡乱地撕一地纸。

2.韵母的发音技巧

韵母位于音节中声母的后面，可以按照其构成和发音的特点分为单韵母、复韵母、鼻韵母。单韵母一共有6个，发出的声音单纯响亮。以下是单韵母的发音要领：

a：舌位较低，舌面自然放平，双唇大开、上颚提起；

o：舌位处于中间偏高位置，舌头后部向软腭隆起，双唇形成圆形，满口用力；

e：舌位与o相似，双唇半开；

i：舌位高，舌尖抵住下门牙齿背，舌头前部向硬腭隆起，面部肌肉保持微笑状态；

u：舌位高，舌头后部向软腭隆起，双唇形成圆形；

ü：发音原理与i相同，双唇形成圆形。

复韵母是由两个或三个元音音素复合而成。

在发音时，复韵母由前一个元音的舌位逐渐移动向下一个元音的舌位。在这个过程中逐渐形成了新的发音。一般以韵母发音中第一个元音的口形特点，将韵母分类为开口呼、齐齿呼、合口呼和撮口呼，被称为"四呼"：

韵母中第一个音素为a、o、e的，称为开口呼。发音时口腔开度较大，着力部位主要在口腔后部，吐字时喉头用力；

韵母中第一个音素为i的，称为齐齿呼。发音时面部肌肉保持微笑，着力部位主要在口腔前部，吐字时牙齿用力；

韵母中第一个音素为u的，称为合口呼。发音时双唇形成圆形，满口用力；

韵母中第一个音素为ü的，称为撮口呼。发音时双唇呈现更小的圆形，双唇用力。

鼻韵母指在元音之后加上了鼻辅音n或者ng的韵母。鼻韵母在发音时需要在韵尾归音时，将气流从鼻腔里透出：

尾音n在归音时，舌尖抵住硬腭位置的前端，使得声音归入鼻腔。因其部位靠前，所以称之为前鼻音；

尾音ng在归音时，舌根隆起接触软腭位置，舌尖自然下垂，将声音归入鼻腔。因其部位靠后，所以称之为后鼻音。

（1）开口呼的韵母练习

发达、可乐、高潮、收购、根本、难堪、邂逅、肥美

门前有八匹大伊犁马，你爱拉哪匹马拉哪匹马。

坡上立着一只鹅，坡下就是一条河。宽宽的河，肥肥的鹅，鹅要过河，河要渡鹅。不知是鹅过河，还是河渡鹅。

（2）齐齿呼的韵母练习

启迪、铁骑、秀丽、想象、宁静、历史、拼音、效益

知之为知之，不知为不知，不以不知为知之，不以知之为不知，唯此才能求真知。

这天天下雨，体育局穿绿雨衣的女小吕，去找穿绿运动衣的女老李。穿绿雨衣的女小吕，没找到穿绿运动衣的女老李，穿绿运动衣的女老李，也没见着穿绿雨衣的女小吕。

（3）合口呼的韵母练习

吐出、果醋、摧毁、荼毒、疏忽、状况

鼓上画只虎，破了拿布补。不知布补鼓，还是布补虎。

老翁卖酒老翁买，老翁买酒老翁卖。

（4）撮口呼的韵母练习

语句、女眷、屡次、旅行、缕缕

老齐欲想去卖鱼，巧遇老吕去牵驴，老齐要用老吕的驴去驮鱼，老吕说老齐要用我老吕的驴驮鱼就得给我鱼，要不给我鱼就别用我老吕的驴去驮鱼，二人争来争去都误了去赶集。

下面是《学好声韵辨四声》的绕口令，请熟读并背诵，在绕口令中体会本节内容。

学好声韵辨四声，阴阳上去要分明；
部位方法须找准，开齐合撮属口形。
双唇班报必百波，抵舌当地斗点丁；
舌根高狗工耕故，舌面积结教坚精；
翘舌主争真知照，平舌资则早在增；
擦音发翻飞分复，送气查柴产彻称；
合口呼午枯胡古，开口河坡歌安争；
嘴撮虚学寻徐剧，齐齿一优摇业英；
抵颚恩因烟弯稳，后鼻昂迎中拥生。
咬紧字头归字尾，不难达到纯和清。

3. 语流音变

朗诵并不仅仅是将一个又一个音节发出来的过程，而是将词语和句子连续地表达清楚。在这个过程中，便要掌握音节中间的相互影响及其产生的语音变化。最为常见的语流音变包括：儿化音、轻声、变调以及语气词"啊"的变化等现象。

（1）儿化音

儿化音是指在一个音节后加上一个卷舌的韵母er的现象。在北方话尤其北京方言中较为常见。儿化音虽然在汉字中会写成"儿"，但在发音时依然要念成一个音节。

儿化音可以起到修饰的作用，表示小、轻微、亲切等情感色彩。例如：小女孩儿、小脸蛋儿、窗户缝儿、小心眼儿等；

儿化音可以表示接近的时间或空间距离。例如：坐会儿、一块儿、旁边儿等；

儿化音可以区别改变词性，将动词变成名词、形容词变成名词等。例如：盖和盖儿、画和画儿等；

儿化音在发音时要注意：

如果韵尾是a、o、e、u的，儿化只在韵母后直接进行卷舌er的动作。例如：去哪儿、半截儿、唱歌儿等；

如果韵尾是i、n的，要去掉原来的韵尾，在主要元音后直接进行卷舌er的动作。例如：墨水儿、后门儿、香味儿等；

如果韵尾是ng的，要去掉ng，将元音在口腔和鼻腔中同时共鸣后加入卷舌er的动作。例如：凉风儿、帮忙儿、电影儿等；

如果韵母是i、ü的，在其后加入er，使得i和ü成了韵头。例如：有趣儿、毛驴儿、金鱼儿等；

如果韵母中有·i或者i——的情况，丢掉i的音，直接加入卷舌er。例如：歌词儿、铁丝儿、写字儿等；

如果韵母是in、ün的，丢掉n的音，直接加入卷舌er。例如：干劲儿、手心儿等。

请进行以下练习，着重体会儿化音的发音特点和其使用中的情感色彩：

粉末儿、被窝儿、唱歌儿、小车儿
蛋卷儿、冒牌儿、刀背儿、冰棍儿
胡同儿、花瓶儿、药房儿、板凳儿
凑趣儿、玩意儿、小鸡儿、小鱼儿
树枝儿、橘子汁儿、细丝儿、没事儿
合群儿、韵味儿、白云儿、树荫儿

有个小孩儿叫小兰儿，口袋里装着几个小钱儿，又打醋，又买盐儿，还买了一个小饭碗儿。小饭碗儿，真好玩儿，红花儿绿叶儿镶金边儿，中间儿还有个小红点儿。

一条裤子七道缝儿，横缝上面有竖缝儿，缝了横缝缝竖缝儿，缝了竖缝缝横缝儿。

（2）轻声

轻声也是汉语言独特的语言现象。当字与字相连接成为词语时，有的字会失去原来的声调，读成短促而轻微的声音,这种现象叫作轻声。普通话中的四个声调都可以转为轻声。

在以下成分中,通常会出现轻声的读法。

结构助词"的、地、得",例如:我们的、愉悦地、办得漂亮;

时态助词"着、了、过",例如:笑着、哭了、爱过;

语气助词"吗、吧、啦、呀、呢、哇"等,例如:好吗,走啦,好啊,不是吧;

名词或代词的后缀"子、头、们"等,例如:桌子、石头、我们;

名词或助词的方位词"上、下、里、边、面"等,例如:地上、家里、边上;

动词或形容词后的趋向动词"来、去"等,例如:进来、出去、站起来;

部分量词"些、封"等,例如:有些、写封信;

叠音词的第二个音节,例如:爸爸、妈妈、看看;

口语中其他习惯用法,例如:葡萄、玻璃、巴掌、别扭、部分、柴火、累赘等。

(3)声调变化

普通话有四个声调:阴平、阳平、上声和去声。每个汉字都有一定的声调,但在连成词语、语句时,声调会发生变化，这种现象称为"变调"。以下着重介绍上声的变调、"一"的变调、"不"的变调和"啊"的变调现象：

上声在单念、特别强调时，念上声的原声调。例如："这是谁干的？我！（上声原调）"；

在阴平、阳平、去声之前的上声，都念前半上。例如："北（半上）京""老（半上）师""语（半上）言"；

在上声和上声连读时，只有最后一个音节念上声，之前的上声念类似阳平的声调。例如："很（类似阳平）好""理（类似阳平）想""鼓（类似阳平）舞""打（类似阳平）扫"；

在上声后是轻声的"子"时，上声念前半上，"子"念轻声。例如："椅（前半上）子（轻声）""老（前半上）子（轻声）"。此处应区别上声后的"子"是否为轻声，例如："孔子""妻子"；

在亲属称谓中上声重叠时，第一个上声念前半上，第二个上声念轻声。例如："姥（前半上）姥（轻声）""姐（前半上）姐（轻声）"；

三个上声相连时，前两个上声都念类似阳平的声调。例如："展（类似阳平）览（类似阳平）馆（上声）"；

形容词中上声音节重叠的，第二个音节念为阴平。例如："好好（阴平）的""满满（阴平）的"。

"一"字的本调是阴平，但在以下情况中会出现变调：

在阴平、阳平和上声之前时，"一"字变为去声。例如："一（去声）天""一（去声）年"；

在去声之前时，"一"字变为阳平。例如："一（阳平）夜""一（阳平）件儿"；

在动词重叠字之间时，"一"字变为轻声。例如："谈一（轻声）谈""算一（轻声）算""想一（轻声）想"。

"不"字的本调为去声，但在以下情况中会出现变调：

在去声之前时，"不"字变为阳平。例如："不（阳平）对""不（阳平）怕难""不（阳平）见不（阳平）散"；

在词组的中间位置时，"不"字变为轻声。例如："是不（轻声）是""差不（轻声）多""来不（轻声）及"。

"啊"字通常被用于表达感情。当"啊"字出现在句尾充当语气词时，会被前面音节的归音影响，从而发生不同的语音变化：

当前一音节的归音音素为a、o、e、i、ü时，"啊"字音变为ia，即"呀"的读音。例如："原来是你啊！（ia）""多么动情的诗啊（ia）""你倒是说啊（ia）"；

当前一音节的归音音素为u、ao、iao时，"啊"字音变为ua，即"哇"的读音。例如："全托您的洪福啊（ua）""我们的生活多么美好啊（ua）""是谁在打鼓啊（ua）"；

当前一音节的归音音素为n时，"啊"字音变为na，即"哪"的读音。例如："这水果多新鲜啊（na）""我怎么看不见啊（na）""我们都是一家人啊（na）"；

当前一音节的归音音素为ng时，"啊"字音变为nga。例如："这么做行不行啊（nga）""他可是英雄啊（nga）""那地方到底什么样啊（nga）"；

当前一音节的归音音素为·i（前后舌尖元音）时，"啊"字音变为"·i（相同舌尖元音）a"。例如："是啊（ia）""那可是老四啊（ia）"。

请进行以下练习，注意其中的变调现象，保证发音准确、清晰：

牛啊、羊啊、马啊，一块儿草原跑啊！鸡啊、

第三章 朗诵，创作语言艺术佳品

鸭啊、鹅啊，一块儿进了窝啊！鸟啊、狗啊、小孩儿啊，一块儿上窗台啊！

屋子里有箱子，箱子里有匣子，匣子里有盒子，盒子里有镯子，镯子外面有盒子，盒子外面有匣子，匣子外面有箱子，箱子外面有屋子。

综合运用本节的知识点和发音技巧，反复进行以下绕口令的练习：

一道黑，两道黑，三四五六七道黑，八道九道十道黑。我买个烟袋乌木杆儿，我是抓住它的两头儿那么一道黑。二兄弟描眉来演戏，照着他的镜子那么两道黑。粉皮墙写川字儿，横瞧竖瞧三道黑。象牙桌子乌木腿儿，把它搁着在那炕上那么四道黑。我买了一只小鸡不下蛋，把它圈着在那笼里捂到（五道）黑。挺好的骡子不吃草，把它牵着在那街上遛到（六道）黑。买了一头小驴不套磨，把它配上它的鞍鞯骑（七）到黑。姐俩南洼去割麦，丢了镰刀拔到（八道）黑。月窠儿的孩子得了病，团几个艾球灸到（九道）黑。卖瓜籽的打瞌睡，哗啦啦啦撒了那么一大堆，他的扫帚簸箕不凑手，那么一个儿一个儿拾到（十道）黑。

正月里，正月正，有姐妹二人去逛灯，大姑娘名叫粉红女，二姑娘名叫女粉红。粉红女穿着一件粉红袄，女粉红穿着一件袄粉红。粉红女抱着一瓶粉红酒，女粉红抱着一瓶酒粉红。姐儿俩找了个无人处，她们推杯换盏饮刘伶。女粉红喝了粉红女的粉红酒，粉红女喝了女粉红的酒粉红，粉红女喝了个酩酊醉，女粉红喝了个醉酩酊。女粉红揪着粉红女就打，粉红女揪着女粉红就拧。女粉红撕了粉红女的粉红袄，粉红女撕了女粉红的袄粉红。姐俩儿打罢搁下手，她们自个儿买线自个儿缝。粉红女买了一绺粉红线，女粉红买了一绺线粉红。粉红女缝反缝儿缝粉红袄，女粉红缝儿反缝缝袄粉红。

打南边来了个喇嘛，手里提拉着五斤鳎目。打北边来了个哑巴，腰里别着个喇叭。提拉着鳎目的喇嘛要拿鳎目换哑巴腰里别着的喇叭，别着喇叭的哑巴不愿意拿喇叭换提拉着鳎目的喇嘛的鳎目。提拉着鳎目的喇嘛急了，拿手里的鳎目打了别着喇叭的哑巴一鳎目。别着喇叭的哑巴拿喇叭打了提拉着鳎目的喇嘛一喇叭。也不知是提拉着鳎目的喇嘛拿鳎目打了别着喇叭的哑巴一鳎目，还是别着喇叭的哑巴拿喇叭打了提拉着鳎目的喇嘛一喇叭。气得喇嘛回家炖鳎目，急得哑巴嘀嘀哒哒吹喇叭。

在苏州,有一个六十六条胡同口,那里住着一个六十六岁的刘老六,他家有六十六座好高楼,在那楼上有六十六篓桂花油,篓上蒙着六十六匹绿绉绸,绸上绣着六十六个大绒球,楼底下钉着那六十六根檀木轴,在那轴上拴着六十六条大青牛,牛旁边蹲着那六十六只大马猴。这个刘老六,他坐在门口正把那牛头啃。打南边来了这么两条狗,两条狗,抢骨头,抢成仇,碰倒了六十六座好高楼,碰洒了六十六篓桂花油,油了那六十六匹绿绉绸,脏了那六十六个大绒球,拉躺下六十六根檀木轴,吓惊了六十六条大青牛,吓跑了六十六只大马猴。这正是,狗啃油篓篓油漏,狗不啃油篓篓不漏油。

四、语言技巧

通过掌握语言技巧,朗诵者能够更准确地表达文本中的情感和思想,使听者更容易理解和感受,也能够帮助朗诵者提高对语言的鉴赏力,并更深入地理解文本中的深层含义。朗诵的语言技巧主要包括以下内容。

· 停顿:在朗诵过程中,有些句子较短,按书面标点停顿就可以;有些句子较长,结构也较复杂,句中虽没有标点符号,但为了表达清楚意思,中途也可以作些短暂的停顿。

- 重音：重音是指那些在表情达意上起重要作用的字、词或短语在朗读时要加以强调的技巧。重音是通过声音的强调来突出意义的，能给色彩鲜明、形象生动的词增加分量。

- 节奏：节奏是指朗读、朗诵者波澜起伏的思想感情在语音形式上的抑扬顿挫、轻重缓急、回环往复。节奏和语气不能混淆，语气是以语句为单位，节奏是以全篇为单位。

- 语速：语速是指朗读的速度决定于作品的内容和体裁，其中内容是主要的。在朗读时，适当掌握朗读的快慢，可以营造作品的情绪和气氛，增强语言的表达效果。

- 语势与色彩：通过掌握语言技巧，朗诵者能够运用不同的语音、语调、语气等来表现文本中不同的情感和思想，使语言更加丰富多彩，也能不断提高自己的语言表达能力和鉴赏力，同时也能增强朗诵者的自信心。

1. 停顿

在朗诵的艺术表达中，停顿和连接就仿佛是标点符号，是对朗诵过程中不断流淌的语音信息进行或中断、或延续的处理，使得声音可以帮助文本整体显现层次关系、段落关系、语句关系、词汇关系，甚至字与字之间的关系，帮助观众深入地体会作品的思想感情。

因而朗诵的停顿与连接，要根据作品思想感情的发展变化而变化。

首先，朗诵者应当深入理解作品，将对作品的感受清晰地传达给观众。根据作品内容、题材、体裁的需要，朗诵者必须将作品的层次、段落、语句、词组、词汇衔接成一根紧密的语音链条，层层衔接，步步为营。通常情况下，在区分意义段落，例如转折、呼应、递进的位置，就需要适当的停顿；而在情感段落连贯、组织严密、意义段落浑然一体时，则需要运用连接的手法，使得语音信息一气呵成。

其次，朗诵者需要通过停顿来换气、休息、准备。但同时也需要注意，无论是大停顿还是短暂停顿，次数都应当有所控制，否则会使作品呈现的效果支离破碎。

最后，停顿和连接必须服从于作品整体，一切都是为了更好地表达原作品的思想感情。

接下来，我们着重介绍四种停顿技巧。

（1）结构停顿

朗诵者根据作品的层次结构、语法结构进行适当停顿的，称之为结构停顿。结构停顿可以让作品的层级结构、意义脉络清晰地展现出来。

在处理结构停顿时，应当根据结构层次的划分级别来给予相应的停顿时长。一般情况下，大的段落停顿时间长于层次，层次停顿时间长于句子。同时，在结构停顿的情况中，标点符号是停顿的指挥官，一般情况下自然段大于句号、问号、惊叹号，而分号、冒号的停顿时间次之，逗号、顿号的停顿时间最次。比如朗诵方志敏《可爱的中国》这一段：

> 以言国土，中国土地广大，纵横万数千里，好像我们的母亲是一个身体魁大、胸宽背阔的妇人。

在这里，我们要注意停顿的时间。首先，"以言国土"之后是逗号，对其进行相应停顿，并且此处的停顿可以略长于通常情况下逗号的停顿，因为这里抛出了一个悬念，意味着"从国土的角度来看"，观众需要接受悬念、期待结果的时间。其次，"中国土地广大，纵横万数千里"，逗号后的内容是对逗号前内容的补充修饰，因而停顿时间要略短于上一个逗号的处理。继续往下，"好像我们的母亲……"，此句前亦为逗号，对其进行正常的停顿处理，然而，在"身体魁大、胸宽背阔"中的顿号则要停顿更短一些。整句朗诵完毕后，停顿时间要略长于之前的处理，因为要转入下一段的内容，进入新的意义段落了。

通过分析，我们可以看出，停顿的时间有长有短，而决定其长短的，往往是停顿中所体现出的思想内容。思想内容越丰富，则停顿的时间越长。而段落与段落之间，因为在思想内容上有一定的跨度，因而要给观众留下思考、回味并继续理解下一段落准备的时间。有时，一个完整的句子，即使中间没有标点符号，但为了将语意表达清晰、补充调整气息，也需要停顿。这时的停顿必须寻找到恰当的位置，不能破坏句子和词组之间的完整性，使得语意混淆或支离破碎。比如下面的这个段落：

> 自经济全球化以来各国通过新科技革命和高度社会化的生产不断推动国际贸易、国际金融和国际间投资的发展，从而实现了经济全球化。

在顿号之前的长句子，从气息角度来说，即使没有标点朗诵者依然能一口气朗诵下来。可为了语意表达更加清晰，则需要在"自经济全球化以来"之后进行停顿。接着要强调出"新科技革命"和"高度社会化的生产"，因为从意义上来说，这两点是各国推动国际贸易、国际金融和国际间投资发展的手段,也可以将通过这种手段"不断推动"了什么通过停顿表述清楚。由此可见,在朗诵时,必须要做好事先的阅读,找准停顿位置。同时根据停顿位置的安排,做好气息调整的准备。必要时还需要反复练习,以达到最佳状态。

(2) 强调停顿

在结构停顿的基础上,如果为了强调某一句话、某一个词的意义,引起观众的注意,则需要使用到强调停顿。比如朗诵《谜语》这一段:

有人有它,有人没有它;有它的人珍贵它、爱护它,真正的人不能没有它。

作为一首语言呈现如谜语一般的诗歌,在朗诵时需要将"谜面"交代得清晰可靠。在前两个短句中,强调有人有、有人没有,因而要使用强调停顿的办法凸显出"有"与"没有"的对比。在后两个短句中,要强调出有它和没有它的核心语意,因而也要使用强调停顿的办法,从而在朗诵过程中大大增强这首《谜语》的悬念色彩。

强调停顿在其他艺术形式,甚至日常生活中也常常被使用。相声中就广泛运用这种技巧,比如"说相声最起码的条件得会说话"。在这里,需要在"条件"后停顿。目的是让观众跟着思考,究竟说相声最起码的条件是什么呢?造成观众期待,可能是口齿清晰、生活观察仔细等。但强调停顿之后给出答案,"得会说话"。完全违背观众的预期,带来了有趣的喜剧效果。在朗诵中,尤其是带有幽默色彩的作品时,也常常利用这种强调停顿。在强调停顿后,引出一句情理之中、意料之外的话,从而产生喜剧效果。

(3)心理停顿

心理停顿是指因为心理上的需要而产生的停顿。这种停顿必须有心理依据或情感依据,可以起到丰富朗诵作品中的心理内容、加强情感色彩的功能。比如下面选自《最后一课》的句子:

> 然后他呆在那儿,头靠着墙壁,话也不说,只向我们做了一个手势:"放学了,——你们走吧。"

在朗诵这一句时,需要在"放学了"之后进行正常的结构停顿,接着在"你们"之后可以进行心理停顿。

此处的停顿可以表现出主人公复杂的心理状态，也带着观众一起体验其中引人深思的情感内涵。可以想象，这是主人公在最后一课的最后一句话，他不愿意结束这一堂课，更不愿意说出这最后一句话，然而，他又不得不结束这堂课、不得不说出这句话。这里的停顿，表现了主人公在克制内心的感情冲动。这里心理停顿的处理，便准确地将主人公的复杂而痛苦的心情传递了出来。

再比如下面选自《钢铁是怎样炼成的》的句子：

"我也没想到你会这么——酸臭。"保尔想了想，才找到这个比较温和的字眼。

这句话是保尔在修路时遇到了少年时代倾慕的女友冬妮娅，对方看着保尔衣衫褴褛的样子感到意外，因而说"我没想到你会弄成这个样子……你的生活怎么这样不顺心啊"。因此在朗诵保尔的这句话时，需要在"我也没想到你会这么"和"酸臭"之间进行心理停顿。保尔对冬妮娅的话不屑辩解，但又要对她的话进行针锋相对的回答，是通过了较多的思考才找到了这样一个词来回敬。这里的心理停顿准确地表现出了主人公的思想活动。

由此可见，运用心理停顿需要有坚实的心理依据，才能让停顿的位置充满丰厚、浓烈的思想情感，以空白写丰富，使停顿达到了"此处无声胜有声"的艺术效果。需要注意的是，当心理停顿脱离了朗诵作品的心理依据，则会让人感到虚假而造作。

（4）生理停顿

生理停顿是对朗诵作品中具体人物的体现，根据人物的生理状况进行停顿。比如在处理某些口吃的人物、患有重病或无力讲话的人物、抑或是在情节中背负着巨大的心理压力而言语缓慢的人物等，都会使用到这种停顿方法。

比如在《孔乙己》临近结尾的段落中，作者描写了孔乙己"声音极低""脸上黑而且瘦，已经不成样子""他的眼色，很像恳求掌柜，不要再提"，这一系列描写都生动刻画了孔乙己当时的生理状况和心理状况，在朗诵与孔乙己的对话时，朗诵者应该依据这些细节描写，充分利用生理停顿，传达出人物当时的身心状态。

中秋过后，秋风是一天凉比一天，看看将近初冬；我整天的靠着火，也须穿上棉袄了。一天的下半天，没有一个顾客，我正合了眼坐着。忽然间听得一个声音："温一碗酒。"这声音虽然极低，却很耳熟。看时又全没有人。站起来向外一望，那孔乙己便在柜台下对了门槛坐着。他脸上黑而且瘦，已经不成样子；穿一件破夹袄，盘着两腿，下面垫一个蒲包，用草绳在肩上挂住；见了我，又说道："温一碗酒。"掌柜也伸出头去，一面说："孔乙己么？你还欠十九个钱呢！"孔乙己很颓唐的仰面答道："这下回还清罢。这一回是现钱，酒要好。"掌柜仍然同平常一样，笑着对他说："孔乙己，你又偷了东西了！"但他这回却不十分分辩，单说了一句"不要取笑！""取笑？要是不偷，怎么会打断腿？"孔乙己低声说道："跌断，跌，跌……"他的眼色，很像恳求掌柜，不要再提。此时已经聚集了几个人，便和掌柜都笑了。我温了酒，端出去，放在门槛上。他从破衣袋里摸出四文大钱，放在我手里，见他满手是泥，原来他便用这手走来的。不一会，他喝完酒，便又在旁人的说笑声中，坐着用这手慢慢走去了。

朗诵者需要在朗诵作品中合理地安排停顿，并且从上述提到的停顿方法中寻找停顿的依据和理由，准确清晰地表达出停顿背后的思想感情。同时，停顿和连接是一组相互辅助、相互对比的关系,没有连接,就凸显不出停顿;没有停顿,就凸显不出连接。如果一大段朗诵文本处处停顿,那么就会失去停顿应该有的艺术效果,使得结构松散。

最后需要强调的是,停顿是一种处理情感的方法,无论是哪种停顿,都应在朗诵者内部继续延续和发展思想感情,而不能单纯地处理为语音信息的空白。正所谓藕断丝连,朗诵者的内部感情就是连接整部朗诵作品思想感情的"丝"。

2. 重音

接下来,我们讲解"重音"及其在朗诵作品中的使用。

什么是重音呢?我们进行朗诵作品时,每一句话都由若干词组、词汇组成,而其中必然有词汇和词组处于重要位置和次要位置。对重要位置进行强调突出的方法,称之为重音。

朗诵作品中传达语意信息是通过对比轻重关系实现的。掌握好重音的技巧,会帮助观众抓住朗诵作品的内核。重音,如同一个又一个小的路标,带领观众跟着朗诵者一起达到作品最终的呈现效果,即充沛的思想情感。

重音的使用有下面几种类型。

（1）语法重音

朗诵时，需要根据语法结构的特点，将某个语音信息进行加重处理。通常来说，在一句话的语法结构中，主语和谓语相比，谓语应当是重音。例如："月亮出来了。"语法重音在"出来"上。然而，当用疑问代词做主语时，主语便成了重音。例如："谁干的？"语法重音在"谁"上。

一句话的语法结构中，谓语和宾语相比，宾语应当是重音。例如："我吃大煎饼。"语法重音在"大煎饼"上。然而，当用代词做宾语时，则谓语成了语法重音。例如："我爱你。"语法重音在"爱"上，是对"我"施加给"你"的动作的强调。

一般情况下，如果一句话有附加成分的定语、状语、补语，则附加成分是重音。比如"太阳一眨眼的工夫就下山了。"这里，状语"一眨眼的工夫"应当是语法重音。

语法重音是诸多重音类型的基本功，是基于汉语言基本表述习惯的强调词意的方法，属于人们自然而然形成的语言习惯。在朗诵中，要注意遵循语法重音的基本规律，有意识地对朗诵者的重音进行检查。

（2）逻辑重音

逻辑重音是指通过必要的强调而凸显出句子潜在含义的重音。一般情况下，逻辑重音不受语法重音的限制。我们以下面一句话为例进行讲解：

我请你跳舞。

重音位置的不同将重塑这句话的内在含义。如果重音在"我"上，则表达出了"不是别人，是我"的含义，可以理解为"我给足了面子"，塑造出高高在上的感觉；如果重音在"你"上，则强调被邀请的人是"你"；如果重音放在"跳舞"上，则强调"我请你"所做的事情不是别的，而是跳舞，引起了观众对于"跳舞"会发生什么的期待。

朗诵者应当根据作品的意义和思想内涵正确地选择逻辑重音的位置，否则会造成语意的偏移，影响观众的理解。戏剧家欧阳予倩多次批评一些剧团在排演《日出》时，演员重音不准确的情况，尤其是下面这句台词：

陈白露：（忽然声色俱厉地）站住，都进来？你们吃什么长大的？你们要是横不讲理，这个码头不讲理的祖宗在这儿呢!

不少剧团在排演时都将重音放在了"这儿"上,通过逻辑重音强调出了"不讲理的祖宗"不在"那里",而在"这里"。事实上,应当将重音放在"祖宗"上。陈白露为了镇住眼前的人们,将自己的位置放在了对方"祖宗"的位置上,从而加大了言语的威慑力。这样的逻辑重音安排,是符合《日出》整个作品的意义与思想情感的。

(3)修辞重音

在朗诵作品中,对原作者采用修辞手段的词句的强调称为修辞重音。通常来说,凡是修辞格的文字都应当有所强调。就像高尔基的《海燕》中这一段描写:

> 一堆堆的乌云,像青色的火焰,在无底的大海上燃烧。大海抓住金剑似的闪电,把它熄灭在自己的深渊里。闪电的影子,像一条条的火蛇,在大海里蜿蜒浮动,一晃就过去了。

在这个段落中,"火焰""金剑""火蛇"都是使用了比喻的方法,表现了海燕在暴风雨中的勇敢坚强。对这些词进行修辞重音的强调,会更加突出这些词语的表现力，使《海燕》作品的思想感情更准确、鲜明、生动地传达出来。试着将重音错误地放在"青色""闪电""影子"上朗诵一下，我们会发现朗诵的效果大打折扣，对于原作品的理解也会不准确、不深刻。因为原作者利用修辞手法，精心地排布意象，煞费苦心地表达出了他的思想感情。这些修辞手法如果得不到强调，便失去使用修辞手法的意义。观众也无法完全领会原作者要真正表达的意图和想法。

（4）感情重音

感情重音是基于作品的情感需要，对语句中的某些词组或词汇进行感情色彩的强调。感情重音大部分应用于表现内心情感强烈、情绪激动的地方，可以丰富作品的色彩、加重作品的情感，让朗诵作品更具艺术感染力。例如白居易的诗《花非花》：

花非花
唐·白居易

花非花，雾非雾，夜半来，天明去。
来如春梦几多时？去似朝云无觅处。

这是一首咏颂爱情的诗歌，表面上讲述的是花与雾的短暂易逝，可实际上却在讲述爱情的短暂缥缈、难以持久。因而，在朗诵这首诗时，要注意体会原作者的思想感情，利用感情重音加强情感渲染。试着将重音放在"非"上，强调"花"也不是"花"，"雾"也不是"雾"；重音在"来"和"去"上，强调一种转瞬即逝、难以留存的无奈感；接着，重音"春梦""朝云"，既是感情重音，又是修辞重音，强调出了美好易逝的悲伤慨叹。

感情重音基于朗诵者对于原作品的理解和感受，重音的位置不同，朗诵者强调出的作品的思想情感也不同。有时，修辞重音、逻辑重音和感情重音会在相同的地方出现，而有时在逻辑重音和修辞重音的基础上另外进行感情重音的强调，则会帮助观众挖掘出朗诵作品中的潜在内容，强化朗诵作品的感情色彩。

3. 节奏

节奏在朗诵艺术的呈现中起到关键作用，对节奏的正确把握，会给观众带来审美上的感受。同时，对节奏的控制更有利于帮助朗诵者传达作品的精神、情感、韵味。有人说，节奏就是语速；有人说，节奏就是重音；还有人说，节奏其实是一种感情色彩。那么朗诵的节奏究竟是指什么呢？

节奏是由作品特定的思想情感的起伏波动造成的，在整篇朗诵作品中被表现出来，体现为抑扬顿挫、轻重缓急等声音形式的排列组合。这便让我们意识到节奏的几点要素——抑扬顿挫、轻重缓急以及声音形成的具有韵律的排列组合。节奏的类型多种多样，大体可以从快节奏和慢节奏两个大的分野切入。

（1）快节奏

・轻快型：朗诵的节奏轻快，以"扬"为主辅以少量"抑"，轻快为主辅以少量"重"，朗诵的作品多为语节少而词汇密度较大；

・高亢型：朗诵的节奏强烈，语势起潮，峰峰紧密相连，势不可遏；

・紧张型：朗诵的节奏紧张，以"扬"为主辅以少量"抑"，以"重"为主辅以少量轻快。

（2）慢节奏

・舒缓型：朗诵的节奏平稳，以"扬"为主辅以少量"抑"，声较高而不着力，气流长而声清。语气和转换都较为舒适平稳。

・低沉型：朗诵的节奏沉重，语势落潮，每一句的句尾显得沉重，音节拖长；

・轻柔型：朗诵的节奏温柔，语势平稳，清晰、柔和、优美、舒适。

掌握了朗诵的六种节奏类型并不意味着就掌握了朗诵的节奏。

事实上，任何一个朗诵作品都不可能只有一种节奏。上述的六种朗诵节奏并非孤立地使用，而是相互配合、相互衬托、相互对比，才能形成如同音乐一般的韵律，增强作品的感染力。

那么，应该如何准确地把握作品的节奏感呢？

首先，要同时具备宏观视角和微观视角。要对作品全篇的内容有整体把握，定下基本的贯穿性基调。同时，要立足每一个意义段落，掌握局部的节奏感。如果只看到整体的节奏感，会让作品单调乏力；如果只看到局部的节奏感，则会让作品失于凌乱，无法形成整体的感染力。因此，朗诵的节奏感需要同时具有宏观和微观视角，相互比较，相互映照，从局部看整体，从整体看局部。

其次，在局部的节奏中要有控制力。在表达紧张型的节奏时不能失去控制，造成声音紊乱；在表达高亢型的节奏时不能声嘶力竭，造成声音刺耳嘶哑；在表达轻快型的节奏时不能游离漂移，造成情感力量虚弱飘忽；

在表达舒缓型的节奏时不能支离破碎，造成声音断裂的现象；在表达低沉型的节奏时不能生硬，造成刻板无趣的结果；在表达轻柔型的节奏时不能失去气息控制，造成声音松散凌乱。

4. 语速

朗诵语速快与慢的选择，根植于我们对作品思想内容的深刻理解。作品的内容、题材、体裁直接决定了朗读的语速。语速太快，会让观众在高密度的信息量中迷失，感到局促不安；语速太慢，又会使观众的注意力分散。只有掌握适当的语速，结合快与慢，才能达到最佳的作品效果。

语速必须与作品中的情境相适配，通常在整篇作品中需要结合具体的意义段落和情感段落进行排布。通常，情节通俗易懂、客观的叙述描写可以语速较快；欢快的、热烈的、激情的、紧张的、局促的、焦虑的情感段落可以语速较快；表现争吵、控诉、指责、对抗、辩驳的意义段落可以语速较快；表示娓娓道来、絮语、回忆、旁白的意义段落可以语速放慢；悲痛的、沉重的、冷静的、稳重的情感段落可以语速放慢；表达温柔、缠绵、甜蜜的情感段落可以语速放慢；探讨晦涩、深刻、哲理的意义段落可以语速放慢。有时，为了充分调动观众的想象力，甚至可以短暂中断，给观众留下让思想飞翔驰骋的空间。

在朗诵时，语速的变化要随着朗诵者心理节奏而随时变化。同时要注意，语速快时不能吞字、吃字、粘连；语速慢时避免语意的断裂。无论语速如何变化，都要注意保证吐字发音的标准、语义的连贯穿透、气息的均匀自然。在了解了语速和朗诵节奏的相关知识后，我们通过朗诵《荷塘月色》来进行"实战"练习。

荷塘月色
朱自清

这几天心里颇不宁静。今晚在院子里坐着乘凉，忽然想起日日走过的荷塘，在这满月的光里，总该另有一番样子吧。月亮渐渐地升高了，墙外马路上孩子们的欢笑，已经听不见了；妻在屋里拍着闰儿，迷迷糊糊地哼着眠歌。我悄悄地披了大衫，带上门出去。

沿着荷塘，是一条曲折的小煤屑路。这是一条幽僻的路；白天也少人走，夜晚更加寂寞。荷塘四面，长着许多树，蓊蓊郁郁的。路的一旁，是些杨柳，和一些不知道名字的树。没有月光的晚上，这路上阴森森的，有些怕人。今晚却很好，虽然月光也还是淡淡的。

路上只我一个人，背着手踱着。这一片天地好像是我的；我也像超出了平常的自己，到了另一个世界里。我爱热闹，也爱冷静；爱群居，也爱独处。像今晚上，一个人在这苍茫的月下，什么都可以想，什么都可以不想，便觉是个自由的人。白天里一定要做的事，一定要说的话，现在都可不理。这是独处的妙处，我且受用这无边的荷香月色好了。

曲曲折折的荷塘上面，弥望的是田田的叶子。叶子出水很高，像亭亭的舞女的裙。层层的叶子中间，零星地点缀着些白花，有袅娜地开着的，有羞涩地打着朵儿的；正如一粒粒的明珠，又如碧天里的星星，又如刚出浴的美人。微风过处，送来缕缕清香，仿佛远处高楼上渺茫的歌声似的。这时候叶子与花也有一丝的颤动，像闪电般，霎时传过荷塘的那边去了。叶子本是肩并肩密密地挨着，这便宛然有了一道凝碧的波痕。叶子底下是脉脉的流水，遮住了，不能见一些颜色；而叶子却更见风致了。

月光如流水一般，静静地泻在这一片叶子和花上。薄薄的青雾浮起在荷塘里。叶子和花仿佛在牛乳中洗过一样；又像笼着轻纱的梦。虽然是满月，天上却有一层淡淡的云,所以不能朗照;但我以为这恰是到了好处——酣眠固不可少,小睡也别有风味的。月光是隔了树照过来的,高处丛生的灌木,落下参差的斑驳的黑影,峭楞楞如鬼一般;弯弯的杨柳的稀疏的倩影,却又像是画在荷叶上。塘中的月色并不均匀;但光与影有着和谐的旋律,如梵婀玲上奏着的名曲。

荷塘的四面,远远近近,高高低低都是树,而杨柳最多。这些树将一片荷塘重重围住;只在小路一旁,漏着几段空隙,像是特为月光留下的。树色一例是阴阴的,乍看像一团烟雾;但杨柳的丰姿,便在烟雾里也辨得出。树梢上隐隐约约的是一带远山,只有些大意罢了。树缝里也漏着一两点路灯光,没精打采的,是渴睡人的眼。这时候最热闹的,要数树上的蝉声与水里的蛙声;但热闹是它们的,我什么也没有。

忽然想起采莲的事情来了。采莲是江南的旧俗,似乎很早就有,而六朝时为盛;从诗歌里可以约略知道。采莲的是少年的女子,她们是荡着小船,唱着艳歌去的。采莲人不用说很多,还有看采莲的人。那是一个热闹的季节,也是一个风流的季节。梁元帝《采莲赋》里说得好:

于是妖童媛女，荡舟心许；鹢首徐回，兼传羽杯；棹将移而藻挂，船欲动而萍开。尔其纤腰束素，迁延顾步；夏始春余，叶嫩花初，恐沾裳而浅笑，畏倾船而敛裾。

可见当时嬉游的光景了。这真是有趣的事，可惜我们现在早已无福消受了。

于是又记起，《西洲曲》里的句子：

采莲南塘秋，莲花过人头；低头弄莲子，莲子清如水。

今晚若有采莲人，这儿的莲花也算得"过人头"了；只不见一些流水的影子，是不行的。这令我到底惦着江南了。——这样想着，猛一抬头，不觉已是自己的门前；轻轻地推门进去，什么声息也没有，妻已睡熟好久了。

《荷塘月色》是中国现代抒情散文中的名篇。作品描写了美丽动人的荷塘月色，却又在其中委婉地抒发了作者对于现实的不满，流露出对于自由的渴望、对于超脱现实的渴望，却又不能实现的踌躇情感。仿佛让人看到了一名在苦难中孤独前行的旧中国的知识分子的生动形象。

第一自然段，作者开篇明义便说"这几天心里颇不宁静"，却又戛然而止，没有明确地说出究竟为什么，只流露出沉重的、苦闷的心情。在朗诵这一段落时要注意声音的"重"，节奏上要较为低沉。

第二自然段是过渡的段落，需要在本段中潜移默化地改变接下来的节奏类型。尤其到了结尾的"今晚却很好，虽然月光也还是淡淡的"，声音要慢慢虚化，由重转轻。

接下来的几个自然段要注意节奏偏轻巧，声音使用上也要轻盈。作者在这几个段落中表达了他的思想感情，仿佛在这静谧的荷塘月色中，自己也已经脱离了现实，超脱出去，那些烦恼和痛苦的事情被放下了。因而，在节奏表达上要尊重原作者的思想感情。然而，通过全篇的整体把握，我们知道荷塘月色只是暂时的，正如这短暂的夜一般，作者不可能永远地在这片安静的月色中徜徉，最终还是要回归到残忍痛苦的现实。因而，随着作者离开了荷塘月色，回到了自家门前，也是回到了现实世界时，要完成节奏性的转变。"这样想着，猛一抬头，不觉已是自己的门前；轻轻地推门进去，什么气息也没有，妻已熟睡好久了"，这样的段落在处理上要回归最初的节奏，声音也要由轻转重。

通过对《荷塘月色》的朗诵节奏剖析，让我们明白了节奏可以帮助观众理解作品的思想情感，帮助观众了解作品的意义段落和情感段落，赋予作品应有的色彩。

中国古代诗词作品往往具有内在的结构美，尤其是叙事诗，这需要朗诵者随着叙事的推进，通过语速快慢的变化来呼应情节的起承转合。如中国南北朝时期传唱的乐府民歌《木兰辞》（也称《木兰诗》），这首长篇叙事诗讲述了"木兰从军"的故事，全诗以"木兰是女郎"来构思木兰的传奇故事，富有浪漫色彩；虽然写的是战争题材，但详略安排独具匠心，对生活场景和离家的过程着墨较多，描写从军的过程，则短短三句概括。全诗以人物问答及铺陈、排比、对偶、互文等手法描述人物情态，具有强烈的艺术感染力。在朗诵本诗的时候注意在宏观和微观层面的节奏掌控，语速与心理节奏相配合，同时，用"润物细无声"的手法巧妙地完成节奏的变化。

木兰辞
南北朝·乐府民歌

唧唧复唧唧，木兰当户织。不闻机杼声，唯闻女叹息。

问女何所思，问女何所忆。女亦无所思，女亦无所忆。昨夜见军帖，可汗大点兵，军书十二卷，卷卷有爷名。阿爷无大儿,木兰无长兄,愿为市鞍马,从此替爷征。

东市买骏马,西市买鞍鞯,南市买辔头,北市买长鞭。旦辞爷娘去,暮宿黄河边,不闻爷娘唤女声,但闻黄河流水鸣溅溅。旦辞黄河去,暮至黑山头,不闻爷娘唤女声,但闻燕山胡骑鸣啾啾。

万里赴戎机,关山度若飞。朔气传金柝,寒光照铁衣。将军百战死,壮士十年归。归来见天子,天子坐明堂。策勋十二转,赏赐百千强。可汗问所欲,木兰不用尚书郎,愿驰千里足,送儿还故乡。

爷娘闻女来,出郭相扶将;阿姊闻妹来,当户理红妆;小弟闻姊来,磨刀霍霍向猪羊。开我东阁门,坐我西阁床,脱我战时袍,著我旧时裳。当窗理云鬓,对镜帖花黄。出门看火伴,火伴皆惊忙:同行十二年,不知木兰是女郎。

雄兔脚扑朔,雌兔眼迷离;双兔傍地走,安能辨我是雄雌?

5. 语势与色彩

朗诵者带领观众对朗诵作品进行理解、感受和想象,仿佛乘上了一艘远航的大船,领略沿途的美景。朗诵者就仿佛是这艘大船的船长,指引着方向,控制着航速，不时地向乘客们介绍沿途的美景，不断积累乘客的旅途享受，直至最终到达目的地。

这一路上的美景和其在乘客内心激发出的美好感受，便是色彩。而船长指引方向，随着河流势头的湍急缓慢调整行船的节奏速度，保证给乘客们舒适美好的旅程感受。这个过程便离不开对语势的塑造。

简单来说，语势指语调的抑扬顿挫、高低升降。那么，语势和语调、语气有什么区别呢？其中，语调指的是在朗诵时声音的高低、快慢、长短、轻重的变化；而语气则指的是作品中思想感情和情绪的表达。语势便是结合了语调和语气的综合表现形式。我们可以将语势分为以下几个类型：

（1）平行语势

平行语势指的是在一句话中，作品的抑扬顿挫的变化不显著，较为平直。

通常情况下，在叙述性、介绍性的文本中使用较多，有时在表现情感冷淡、麻木或者较为严肃的情感色彩时也会使用到。例如《徐霞客和〈徐霞客游记〉》一文的开头：

徐霞客，字弘祖，号霞客，明朝末年人，生于一五八六年，卒于一六四一年，是我国历史上伟大的地理学家。

这一段话主要为说明性的文字，向观众交代徐霞客的背景。因而在处理时应当使用平行语势，平稳朗诵，无须较大的抑扬顿挫，否则反而会造成基本信息传达不清楚，影响观众的理解。

再例如鲁迅作品《祝福》中祥林嫂的话：

我真傻，真的……唉唉，我的阿毛如果还在，也就有这么大了……

在《祝福》中，祥林嫂的人物精神是完全崩溃的，她这一辈子历尽了痛苦绝伦的灾难，人生连续上演悲剧，连最后的精神寄托——她的儿子也被狼叼走了。祥林嫂是麻木的，是完全失去了感官系统的"木头人"。因而，为了塑造出她的人物形象，这段话总的处理基调应当是平行语势的。

（2）上行语势

上行语势是一种由低到高、逐渐上扬的语势。在朗诵作品中，感情逐渐推进的段落里常常会有使用上行语势。同时，在诘问、反问、号召、惊讶等情感色彩时也会使用。例如毛泽东《沁园春·长沙》中的诗句：

怅寥廓，问苍茫大地，谁主沉浮？

本句为上阕的最后一句，豪迈地提出了问题。在这样的情感色彩中，应当用上行语势来处理。

再例如雪莱的《西风颂》的篇末：

如果冬天来了，春天还会远吗？

这一句带有号召的色彩，洋溢着浪漫与乐观的情感色彩，也宜使用上行语势进行处理。

（3）下行语势

下行语势是指在语句中逐渐向下压抑的语势，从高处落到低处，尤其在句尾处会显得色彩尤其鲜明。一般情况下，下行语势用于表达赞叹、祝福或者沉重的心情等。例如戴望舒的《雨巷》（节选）：

她彷徨在这寂寥的雨巷，撑着油纸伞，像我一样，像我一样地，默默彳亍着，冷漠、凄清，又

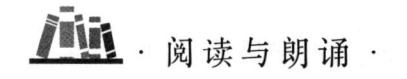

惆怅。

可以看出诗歌的这一句笼罩在情绪低落的色彩中，在处理时应当使用下行语势，表达出文字意象中寂寥的、踟蹰不定的彷徨情绪。

再例如魏巍的《依依惜别的深情》（节选）：

在纷飞的战火中，你是那样刚强！敌人把你的城镇变成了废墟，你没有哭；敌人把你的家园烧成灰，你没有哭；敌人杀死你的亲人，你没有哭；敌人把你绑在大树上，烧你，烤你，你没有哭；你真是一把拉不断的硬弓，一座烧不毁的金刚！

在这里，作者表述了朝鲜人民在敌人的摧残下依然坚强韧性的精神，在例文中的情境中，气氛是压抑的，需要采用下行语势来朗诵。"你是那样刚强"和后续的几个"你没有哭"都需要用下行语势来强调出情境的色彩，尤其最后一句"一座烧不毁的金刚"，用下行语势表达出对在苦难中前进的朝鲜人民的高度赞扬。

（4）曲折语势

曲折语势是指在语句中抑扬变化丰富，曲折前进的

语势。通常在色彩讽刺、幽默,或意韵丰厚的语句中常常见到。例如叶挺的《囚歌》(节选):

为人进出的门紧锁着,为狗爬出的洞敞开着,一个声音高叫着:爬出来吧,给你自由!

在处理这一段诗时,"一个声音高叫着",需要使用曲折语势,因其表达了对于反动派的嘲讽态度,而下一句"爬出来吧,给你自由!"亦需要处理为曲折语势,其背后代表了反动派提出的"诱惑",而这份"诱惑"明显带有作者对它的鄙夷和蔑视,用曲折语调处理最为妥帖。再例如曹禺的《雷雨》中鲁贵的台词:

"你走得开,你放得下这么好的地方么?你放得下周家——"

这一段台词是鲁贵说给四凤的。四凤与周家大少爷产生了感情,鲁贵发现后勒索四凤,向她索要钱财。四凤想要离开周家,彻底摆脱鲁贵的纠缠。鲁贵便说了上面这段台词。通过情境可以理解,"你放得下这么好的地方么?"台词的背后是鲁贵的世故油滑,同时也有对四凤的质疑,因而需要用曲折语调进行处理。最后一句

"你放得下周家——",潜台词指向周家大少爷,同时也带有鲁贵话不点破、留有余地的奸诈心理,因而也宜用曲折语势进行处理。

对不同语势的选择会让朗诵作品笼罩在相应的色彩中,这便要求我们对语势的选择和把握要贴切、要深刻、要丰厚。贴切,要求朗诵者对于作品的感受、对于作品具体语句的感受要准确,要符合作品自身的思想感情;深刻,要求朗诵者把握好作品中每一句话具体的语势,不能为了追求某种特定的语势而因小失大;丰富,要求朗诵者要细腻地体验作品每一句话的本质,要充分地表达出来。

请进行下面的训练,体会语势的处理和产生相应的色彩。

朗诵下面的诗歌,参考后面的语势标注:

囚 歌
叶 挺

为人进出的门紧锁着,(平行语势)
为狗爬出的洞敞开着,(平行语势)
一个声音高叫着:(嘲讽的曲折语势)
爬出来吧,给你自由!(蔑视的曲折语势)

我渴望自由,(庄严的平行语势)

但也深知道——(平行语势)

人的身躯怎能从狗洞子里爬出!(愤怒的上行语势)

我希望有一天,(平行语势)

地下的烈火,(平行语势)

将我连这活棺材一起烧掉,(坚定的下行语势)

我应该在烈火与热血中得到永生!(沉着笃定的下行语势)

朗诵下面的作品,请根据自己的理解标注应用语势,并进行练习:

关山月
唐·李白

明月出天山,苍茫云海间。

长风几万里,吹度玉门关。

汉下白登道,胡窥青海湾。

由来征战地,不见有人还。

戍客望边邑,思归多苦颜。

高楼当此夜,叹息未应闲。

本节讲解了平行语势、上行语势、下行语势和曲折语势的概念，但在具体对朗诵作品进行处理时，仅仅靠着粗糙的对语势四大分类的理解是远远不够的。请尝试根据自己对朗诵作品的体会，分析、总结出更为细致具体的语势运用方法。

五、身体语言管理

朗诵时的动作与表情设计和管理是一门综合艺术，动作是朗诵艺术的重要载体。在朗诵时，恰当的动作能够增强语言的表现力，使情感表达更加生动、形象。表情是朗诵中重要的因素。通过面部表情的变化，可以传达出情感和含义，让听众更加深入地理解作品。尤其是在具有表演或者竞技的场合，朗诵者在表情和动作上恰当、精巧的设计是赢得观众认可并取得共鸣的重要因素。

在设计动作和表情之前，首先要熟悉文本，对文本进行深刻的理解，了解文本的内涵、基调、情感走向等，是设计动作和表情的基础。基于对文本的理解，配合声音和语言节奏，设计出符合情感状态和语言特点的动作，比如赞许时可以微笑、点头，表达悲伤时可以略带哭泣，倾听时可以摆出专注的姿态等，动作需自然、合适。表情是朗诵过程中很重要的一环，它能更好地传达文本的情感，同时也能吸引观众注意力。不同的情感应有不同的表情配合，细腻、自然、真实的表情才能让听众更好地感受到文本情感。

动作和表情是朗诵艺术中重要的因素，设计时要注重精练、简洁、真实、有层次感、与语言相配合等要点。

1.动作设计

动作是朗诵艺术的重要载体。在朗诵时，恰当的动作能够增强语言的表现力，使情感表达更加生动、形象。设计动作时，应该注意以下几点：

第一，动作要精练、简洁。动作不能过于复杂，否则会让听众分散注意力，影响朗诵效果。

第二，动作要有表现力。设计的动作要有明确的含义和表现力，能够有效地配合语言表现情感和主题。

第三，动作要自然。动作不能过于生硬和刻意，要尽量自然，符合人物性格和情境。

要提升朗诵中的动作管理，可以尝试以下几种练习方法。

・观察自己：可以借助手机或设备将自己朗诵的过程录制下来，回看自己的表现，可以注意自己的肢体动作是否配合得当。观察视频后，可以针对性地调整自己的动作，在下一次练习时再次拍摄视频，持续进行此类练习能够帮助你更好地控制自己的动作。

·观察他人：观察其他人的表演，特别是专业演员的表演，会帮助你学习如何更好地控制自己的动作，从而提高朗诵中的动作管理水平。

·朗诵练习：在朗诵练习过程中，应该专注于语言表达和肢体语言的统一，注意自己的动作是否恰当，是否符合朗诵内容的节奏和韵律，从而提高自己的动作管理能力。

·身体训练：通过进行一些身体训练，例如瑜伽、舞蹈等，可以提高自己的身体协调性和灵活性，从而更好地控制自己的动作。

总之，想要提升朗诵中的动作管理，需要多加练习和观察他人表演，同时也需要注重身体训练，努力让自己的肢体动作更加自然、流畅。如何以肢体语言表达和增强作品的情感传达和感染力，我们以闻一多先生的《最后一次讲演》为例：

第三章　朗诵，创作语言艺术佳品

最后一次讲演（节选）
闻一多

　　这几天，大家晓得，在昆明出现了历史上最卑劣最无耻的事情！李先生究竟犯了什么罪，竟遭此毒手？他只不过用笔写写文章，用嘴说说话，而他所写的，所说的，都无非是一个没有失掉良心的中国人的话！大家都有一支笔，有一张嘴，有什么理由拿出来讲啊！有事实拿出来说啊！为什么要打要杀，而且又不敢光明正大地来打来杀，而偷偷摸摸（此处可以加入肢体动作，强调卑鄙之意）地来暗杀！这成什么话？

　　今天，这里有没有特务？你站出来！是好汉的站出来！你出来讲！凭什么要杀死李先生？杀死了人，又不敢承认，还要诬蔑人，说什么"桃色事件"，说什么共产党杀共产党，无耻啊！无耻啊！这是某集团的无耻，恰是李先生的光荣！李先生在昆明被暗杀，是李先生留给昆明的光荣！也是昆明人的光荣！（此处可用手臂环指观众，强调昆明的光荣，也为下文的递进做停顿和铺垫）

　　去年"一二·一"昆明青年学生为了反对内战，遭受屠杀，那算是青年的一代献出了他们最宝贵的生命！现在今天李先生为了争取民主和平而遭受了反动派的暗杀，我们骄傲一点说，这算是像我这样大年纪的一代，我们的老战友，献出了最宝贵的生命！这两桩事发生在昆明，这算是昆明无限的光荣！（手臂向上挥舞，表达对光荣的赞颂）

反动派暗杀李先生的消息传出以后，大家听了都悲愤痛恨。我心里想，这些无耻的东西，不知他们是怎么想法，他们的心理是什么状态，他们的心怎样长的！（捶击桌子或锤击的姿态，表达痛恨之情）其实简单，他们这样疯狂的来制造恐怖，正是他们自己在慌啊！在害怕啊！所以他们制造恐怖，其实是他们自己在恐怖啊！特务们，你们想想，你们还有几天？你们完了，快完了！你们以为打伤几个，杀死几个，就可以了事，就可以把人民吓倒了吗？其实广大的人民是打不尽的，杀不完的！要是这样可以的话，世界上早没有人了。

你们杀死一个李公朴，会有千百万个李公朴站起来！你们将失去千百万的人民！你们看着我们人少，没有力量？告诉你们，我们的力量大得很，强得很！看今天来的这些人，都是我们的人，都是我们的力量！此外还有广大的市民！我们有这个信心：人民的力量是要胜利的，真理是永远存在的。

第三章 朗诵，创作语言艺术佳品

历史上没有一个反人民的势力不被人民毁灭的！（摆手、挥舞手臂，以手势来表达和强化对这句话的信心）希特勒，墨索里尼，不都在人民之前倒下去了吗？（左右踱步，切换讲述的语气，为后面再一次强烈的情绪做变化的过渡）翻开历史看看，你们还站得住几天！你们完了，（从踱步变为站定，眼神坚定怒视前方）快了！快完了！我们的光明就要出现了。我们看，光明就在我们眼前，而现在正是黎明之前那个最黑暗的时候。我们有力量打破这个黑暗，争到光明！我们的光明，就是反动派的末日！（手指向天，斩钉截铁地说出这句预言）

《最后一次讲演》（节选）是1946年7月15日闻一多在李公朴的追悼会上发表的演讲。1946年7月11日，著名的爱国民主战士李公朴先生在昆明遇害。7月15日，云南大学召开追悼李公朴先生的大会，会上由于混入了国民党分子，在李公朴夫人血泪控诉的过程中，他们毫无顾忌，说笑取闹，扰乱会场，使人们忍无可忍。闻一多先生拍案而起，满腔悲愤地发表了这一篇讲演。会后在他离社返家途中，被特务分子暗杀了。这篇讲演就成了他的"最后一次讲演"。

讲演中，闻一多先生在严厉声讨反动派的无耻罪行和卑劣行径的同时，也高度颂扬了李先生为民主与和平而献身的爱国主义精神，而且还号召广大人民群众站起来，一起与反动派作坚决的斗争。纵观全场讲演，可谓感情强烈，到了激昂之处，其感情以肢体语言进行表达和发泄——如捶击桌子，这是无声语言表达的一种方式，这是一种情感愤怒到极点的声音。需要注意的是，闻一多先生有着典型的文人风骨，他说的每一个字、每一句话都在表达一种感情、一种思想，但即使感情如此浓烈，其形体也不会过于外放，而是沉稳中蕴含着爆发力。我们在朗诵这篇作品的同时，也是对先烈情怀的一种体尝、学习和致敬。尝试将背诵本篇文章，并将演讲过程录制下来，通过反复的训练来强化在朗诵过程中的动作、表情的自然度和流畅度，适当带入讲演的情境和情绪，可以参考借鉴文中的肢体语言的提示，不要让动作和表情过于繁复、夸张或者刻意，否则会影响整体表现效果。

2. 表情设计

表情是影响朗诵效果的重要因素。通过面部表情的变化，可以传达出情感和含义，让听众更加深入地理解作品。设计表情时，应该注意以下几点：

第一，表情要真实。表情不能过于夸张和虚假，要尽量真实，符合情感的变化。

第二，表情要有层次感。面部表情要有多层次的变化，能够准确表达人物情感和内心的变化。

第三，表情要与语言相配合。面部表情要与语言相配合，提升诵读的代入感和氛围感，让听众更加容易理解情感的变化和作品的主题。

融入生动的表情可以增强朗诵的感染力，尤其是在诵读描写景物的散文时反而更加重要。在朗诵情节跌宕起伏、矛盾冲突较为激烈的小说或戏剧作品时，要注意融入的适当和适度，以免影响整个作品表达的完整性。

我们以一些实际作品为例，首先是诗人艾青的作品《我爱这土地》。这首诗篇幅不长，情感却异常饱满，从开头"假如我是一只鸟"的畅想，到"嘶哑的喉咙""悲愤的河流""激怒的风"，情感越来越浓烈，"温柔的黎明"一句为浓烈的感情作了缓冲，到忽然的转折——"然后我死了"，再到最后情感的升华——"为什么我的眼里常含泪水？因为我对这土地爱得深沉……"这样一首诗是不可能板着面孔朗诵的，但浓烈的情感也容易造成朗诵者情感表达的"过度"，进入造作的误区。可以借助这首诗仔细体会诗人情感的递进和转折，让面目表情随着内心情感和意向的变化，由内向外自然流露出来。

我爱这土地
艾 青

假如我是一只鸟,

（以一种畅想的眼神开始，以眼神和眉目为表情，传达从悲愤、激怒到温柔的转换）

我也应该用嘶哑的喉咙歌唱：

这被暴风雨所打击着的土地，

这永远汹涌着我们的悲愤的河流，

这无止息地吹刮着的激怒的风，

和那来自林间的无比温柔的黎明……

——然后我死了，

（内心想象着"我死了，羽毛也腐烂在土地里……"，将情感逐渐凝聚，集中到眼神，表情从温柔，转换到深沉、略带伤感的爱意泛起。）

连羽毛也腐烂在土地里面。

为什么我的眼里常含泪水？

因为我对这土地爱得深沉……

如何提升朗诵表演过程中的表情管理，以下是一些建议。

· 理解朗诵内容：在朗诵表演之前，先深入理解朗诵内容，包括每个单词、每个句子的含义和情感色彩。理解了内容，才能更好地表达情感。

· 培养专注力：专注力是表情管理的重要组成部分。在表演过程中，尽可能避免分心或被观众反应干扰，专注于自己的表演和情感表达。

· 培养自我感知：在表演过程中，要时刻关注自己的表情和身体语言。如果发现自己的表情或者身体语言不自然或者过于夸张，要及时调整，以便更好地表达情感。

· 多次演练：在表演前，多进行几次演练，让自己更加熟悉朗诵内容，也更能掌控表情和身体语言。

· 注重细节：在表演过程中，注意一些细节，比如眼神的运用、嘴唇的形状等，这些都能让你的表情更加生动、更具感染力。

· 自我调节：在表演过程中，难免会遇到突发情况或者产生紧张的情绪，这时候要学会自我调节，保持冷静、镇定，以便更好地掌控表情。

表情管理虽然细微，但也需要不断地练习和自我感知，只有不断地提升自己，才能在朗诵表演中更好地表现出自己的情感，让观众更深刻地理解你的作品。

我们再来看一首作品，爱尔兰著名诗人叶芝的《当你老了》。

当你老了
[爱尔兰] 叶芝

当你老了，头发白了，睡意昏沉，
倦坐在炉旁，请取下这本书，
慢慢读着，追梦当年的眼神，
你那柔美的神采与深幽的晕影。

多少人爱过你昙花一现的身影，
爱过你的美貌，以虚伪或真情，
但只有一人曾爱你那朝圣者的心，
爱你哀戚的脸上岁月的留痕。

在炉栅旁低眉弯腰，
忧戚沉思，喃喃而语，
爱情是怎样逝去，又怎样步上群山，
在繁星之间藏住了脸。

这首诗被后人广为传诵，很多人都认为这是一首向爱人表达浓烈爱意、忠贞不渝、白头偕老的代表作。实际上，这是诗人叶芝写给自己倾慕已久的心上人的诗，但这位心上人在当时乃至终其一生也没有答应叶芝的追求。叶芝写这首诗时才二十九岁，心上人莫德·冈也才二十七岁，但"当你老了"这种假设却因为全诗第一节所写的"头发白了""睡意渐沉"这些意象而具体起来。第二节诗人采用对比的手法巧妙地表达了自己的一片深情：时间给爱情带来了重重的考验，然而时间也将见证自己的真心；第三节又转向未来虚拟的意境之中，像时光中漫步一样，哀怨着易逝的青春和爱情，却又表白着自己的忠诚。诗人在现实中的爱情是那么无望，只好幻想着多年后的场景，希望恋人看到这首诗后能明白他的一片痴情。全诗的所营造的意境是多情、深情、温柔的，有着相伴终生的甜蜜幻想，其中诉说的是青春与爱情易逝的哀怨，却也是自己爱而不得的伤感。

吟诵这首诗，需要准确、细腻的表情与叙述的语调相配合，才能在表达畅想、深情、倾慕、爱恋的同时，传达出伤感、期盼等复杂的作者的内心。结合诗的创作意图，反复体会作者的心境与情绪，将自己的朗诵录制下来，反复检查和感受自己的整体表达是否符合预期。

第三节　不同文体的朗诵技巧

一、诗词的朗诵技巧

1.古诗词朗诵

古诗词是中华文化的重要组成部分，语言凝练、内涵深远，诗词作者用简洁、精练的语言表达深刻的情感和思想，使读者在有限的字句中感受到无限的韵味。古诗词具有音韵和谐、节奏鲜明的特点，诗人通过押韵、平仄、对仗等手法，使诗歌具有优美的音韵和强烈的节奏感。例如杜甫的《登高》：

风急天高猿啸哀，渚清沙白鸟飞回。
无边落木萧萧下，不尽长江滚滚来。

这首诗用鲜明的节奏和优美的音韵描绘了登高远望的壮丽景色，让人感受到诗歌的音韵美。

此外，古诗词还具有象征和隐喻的特点。诗人通过运用象征和隐喻等手法，将抽象的情感和思想转化为具体的形象，使诗歌具有深刻的内涵和寓意。例如李商隐的《锦瑟》：

> 锦瑟无端五十弦，一弦一柱思华年。
> 庄生晓梦迷蝴蝶，望帝春心托杜鹃。

这首诗通过运用象征和隐喻的手法，表达了作者对逝去年华的追忆和感慨，让人感受到人生的无常和苦短。

古诗词语言优美、内涵深远、意境悠远的特点，使读者在欣赏古诗词的过程中可以感受到中华文化的博大精深和人文精神的传承。同时，古诗词还具有启迪人性和激发情感的作用，让人们在欣赏古诗词的过程中得到心灵的净化和情感的升华。

朗诵古代诗词，朗诵者的能力强弱往往会被放大，音调如何处理、音量如何控制、语速如何把握、节奏如何起伏、语势如何选择等，都决定了朗诵的成败。除了运用通用的朗诵技法，朗诵古诗词还要注意做到体现古诗词的韵律和押韵，让整个诗歌的朗诵更加和谐、优美。

格律诗的押韵让作品朗诵起来具有特别的节奏之美，也因其便于记忆使得作品口口相传，代代传承。格律诗的另一个非常重要的特点就是"平仄"。中国古代的声调系统有"四声"的说法，与现代汉语普通话略有区别,称为:平声、上声、去声、入声。平仄中的"平"指的就是平声,包括现代汉语普通话的阴平和阳平;"仄"指非平声字,包括古代声调系统的上声、去声和入声。平仄的规则使得格律诗的声调交错,形成独特的形式美感。如我们看杜甫的《春望》:

国破山河在,（仄仄平平仄）
城春草木深。（平平仄仄平）
感时花溅泪,（平平平仄仄）
恨别鸟惊心。（仄仄仄平平）
烽火连三月,（仄仄平平仄）
家书抵万金。（平平仄仄平）
白头搔更短,（平平平仄仄）
浑欲不胜簪。（仄仄仄平平）

平仄的规则使得格律诗的声调交错,形成独特的形式美感。那么,应该如何朗诵好格律诗呢？我们可以从划分语节和压住韵脚入手做着重练习。

（1）划分语节

在朗诵之前,我们需要根据一首诗具体的语言意义和每一行的字数来进行分割,将其划分为具有一定节奏的语节。语节中字数的多与少，形成了快与慢的语流速度。例如柳宗元的《江雪》：

千山｜鸟飞绝｜，万径｜人踪灭｜。
孤舟｜蓑笠翁｜，独钓｜寒江雪｜。

我们把《江雪》中的每一句划分为两个语节，读起来朗朗上口，单个语节信息量适中，总体语节数量也恰当。

我们再看李白的《早发白帝城》：

朝辞｜白帝｜彩云间，千里｜江陵｜一日还。
两岸｜猿声｜啼不住，轻舟｜已过｜万重山。

具体应该如何划分语节，比如"朝辞｜白帝｜彩云｜间"就不好吗？这就要根据格律诗的意境和内涵而定。在朗诵作品时，我们不应打破一个概念上连接的、密不可分的词汇，因而在这个案例中，连读"彩云间""一日还"更为妥帖。

（2）押住韵脚

韵律是格律诗朗诵中非常重要的要素，体现出动听悦耳的音乐之美。这便要求我们适当地将韵脚读得比其他音节更响亮些,因为韵是诗歌语言音乐性的重要条件。例如孟浩然的《春晓》:

春眠不觉晓(重),处处闻啼鸟(重)。
夜来风雨声,花落知多少(重)。

朗诵"晓、鸟、少"时,要有吟诵延长的感觉,使得音乐感和节奏美呈现出来。前两句要用柔和、舒缓的语调,后两句可在"落"字重读,接着逐渐在"知多少"音调放低,表现出看到花落的惋惜之情。

接下来,请综合进行以下练习,着重体会平仄、语节和韵脚给格律诗带来的独特音乐美、节奏美。

朗诵杜甫的《闻官军收河南河北》:

剑外忽传收蓟北,初闻涕泪满衣裳。
却看妻子愁何在,漫卷诗书喜欲狂。
白日放歌须纵酒,青春作伴好还乡。
即从巴峡穿巫峡,便下襄阳向洛阳。

这是一首七言律诗名作,注意在朗诵时表现激情慷慨、欢欣雀跃的情绪,使用轻快型的节奏。再朗诵下面

第三章 朗诵，创作语言艺术佳品

这首王翰的《凉州词》，体会与上一首诗之间的差别。

> 葡萄美酒夜光杯，欲饮琵琶马上催。
> 醉卧沙场君莫笑，古来征战几人回。

该诗为七言绝句，是咏边塞情景的名作。请注意在语节的划分时不能太细，会影响豪放旷达的思想感情。

中国古典诗词浩如烟海，格律诗优美、精巧、顿挫，古体诗自由、雄浑、真切，各有其不同的魅力。古诗词是中华文化的重要组成部分，其特点和美感体现在多个方面，通过欣赏古诗词，人们可以感受到中华文化的博大精深和人文精神的传承，得到心灵的净化和情感的升华。朗诵古诗词需要多方面的技巧和支持。只有通过不断地练习和实践，才能逐渐掌握其中的技巧，使自己的朗诵更加生动、优美。

2. 现代诗朗诵

现代诗是相较于中国古代旧体诗、格律诗而言的，它不要求平仄格律和押韵，各句子之间也没有字数的限制。与传统诗歌相比，具有更多的自由和创新，更加注重表达诗人内心的情感和思想，通常表现出更加现代化和多元化的风格和形式。在朗诵现代诗时，需注意以下要点：

（1）抓准情感基调

朗诵现代诗时，要注意在意象、意境的背后挖掘真挚的情感，要感同身受，不能迷失在千变万化的修辞世界中。尤其是大量使用修辞手法的诗歌，更要抓准作品脉搏，对情感基调作出准确的判断。

例如下面这首余光中的《乡愁》，是怀念祖国、渴望重聚的爱国诗篇，语言朴素而生动，情真意切，其情感基调是深沉的。这一点，需要准确地把握。

小时候，
乡愁是一枚小小的邮票，
我在这头，
母亲在那头。

长大后，
乡愁是一张窄窄的船票，
我在这头，
新娘在那头。

后来啊，

乡愁是一方矮矮的坟墓，

我在外头，

母亲在里头。

而现在，

乡愁是一湾浅浅的海峡，

我在这头，

大陆在那头。

（2）厘清结构层次

现代诗常常使用诸多意象，不拘一格地使用修辞手法，因而厘清楚诗歌内在的结构和层次，才能抓住诗歌朗诵的节奏。

朗读时，如果不把握好节奏，就会散漫凌乱，失去了诗歌背后的哲理之美。

例如之前提到的《乡愁》，在诗歌的行文中，把不同时期思乡的情感淋漓尽致地抒发在字里行间。它从亲情、爱情上升到家国之情，着于邮票、船票、坟墓、海峡依次放大的意象，有一种格律诗的结构美感。在朗诵时应当正确把握其结构。

（3）找到音韵美感

音韵的美感是诗歌的生命，舒展的音节、恰如其分地停顿与连接、丰富的语调语气构成了诗歌朗诵中的音韵感。即使是处理并不强求韵脚的自由诗时，也应注意对诗行中的音节进行恰当地划分，以准确地表达出诗歌的思想感情。我们以舒婷的《致橡树》为例：

> 我如果爱你——
> 绝不像攀援的凌霄花，
> 借你的高枝炫耀自己；
> 我如果爱你——
> 绝不学痴情的鸟儿，
> 为绿荫重复单调的歌曲；
> 也不止像泉源，
> 常年送来清凉的慰藉；
> 也不止像险峰，
> 增加你的高度，衬托你的威仪。
> 甚至日光，
> 甚至春雨。
>
> 不，这些都还不够！
> 我必须是你近旁的一株木棉，
> 作为树的形象和你站在一起。
> 根，紧握在地下；

叶，相触在云里。
每一阵风过，
我们都互相致意，
但没有人，
听懂我们的言语。
你有你的铜枝铁干，
像刀，像剑，也像戟；
我有我红硕的花朵，
像沉重的叹息，
又像英勇的火炬。

我们分担寒潮、风雷、霹雳；
我们共享雾霭、流岚、虹霓。
仿佛永远分离，
却又终身相依。
这才是伟大的爱情，
坚贞就在这里：
爱——
不仅爱你伟岸的身躯，
也爱你坚持的位置，
足下的土地。

·阅读与朗诵·

在处理下面的段落时，要发现两个"我如果爱你"之后的对仗关系，挖掘诗歌独特的音韵美感，在处理语节时参考如下。

我｜如果爱你——绝不像｜攀援的｜凌霄花，借｜你的高枝｜炫耀自己

我｜如果爱你——绝不学｜痴情的鸟儿，为｜绿荫重复｜单调的歌曲

就一首自由诗而言，朗诵所使用的节奏、语调、语势不是一成不变的，要根据诗歌具体的内容做具体的分析和选择，才能表达每首诗歌独特的思想感情。

除了中国的现当代诗作，我们在处理外国自由诗的朗诵时，也要准确把握意象和语言的节奏。如俄国诗人普希金的名作《假如生活欺骗了你》，这首诗作是俄国诗人普希金于1825年流放南俄敖德萨同当地总督发生冲突后，被押送到其父亲的领地米哈伊洛夫斯科耶村幽禁期间创作的一首诗歌。诗歌全文表述了一种乐观而坚强的人生态度，并且因它亲切和蔼的口气让许多人把它记于自己的笔记本上，成为激励自己勇往直前、永不放弃的座右铭。

假如生活欺骗了你

[俄] 普希金

假如生活欺骗了你，
不要悲伤，不要心急！
忧郁的日子里须要镇静：
相信吧，快乐的日子将会来临！
心儿永远向往着未来；
现在却常是忧郁。
一切都是瞬息，一切都将会过去；
而那过去了的，就会成为亲切的怀恋。

在朗诵时要感受到这首诗歌中朴素的、真切的生活感受，用富有人情味的语言风格来表达其精妙的哲理。现代诗篇的语言通常比较精练、生动，情感深刻、内容隽永，具有很高的艺术表现和文学价值，通过朗诵这些经典诗篇，可以深入理解其中的艺术手法和文学价值，从而提高自己的文学鉴赏能力。

【作品推荐】

《雨巷》 戴望舒
《你是人间的四月天》 林徽因
《一棵开花的树》 席慕蓉
《等你，在雨中》 余光中
《从前慢》 木心
《热爱生命》 食指
《红帆船》 北岛
《我是一个任性的孩子》 顾城
《大雁塔》 杨炼
《雪地上的夜》 芒克
《九月》 海子
《我爱你》 余秀华
《她走在美丽的光彩中》 ［英］拜伦
《西风颂》 ［英］雪莱
《爱的秘密》 ［英］威廉·布莱克
《孤独的收割人》 ［英］华兹华斯
《我愿意是急流》 ［匈牙利］裴多菲
《抒情插曲》 ［德］海涅
《薄暮》 ［智利］巴勃罗·聂鲁达
《鸟》 ［日］谷川俊太郎

《孤独朝圣者》　　［美］鲍勃·迪伦

二、散文的朗诵技巧

　　散文是一种相对自由的创作方式，广义的散文包括经传史书等不押韵、不重排偶的散体文章，而狭义的散文是指与诗歌、小说、戏剧并列的一种文学体裁，主要以文字为创作、审美对象，抒发作者真情实感，写作方式灵活。散文取材广泛自由，表现手法灵活多样，但又有明确集中的主题和贯穿全文的线索，这使得散文具有更加丰富的表现力和感染力。散文注重表现作者的生活感受，借助想象和联想，由此及彼，由浅入深，由实而虚，展现出更深远的思想和情感，这使得散文能够更好地深入人心，引起读者的共鸣和思考。

　　散文的朗诵绕不开对于原作者的分析和感受。因为散文是最具有作者风格的文学形式之一，其论调、观点、感情和表达方式无一不与作者自身的主观视角紧密相连。朗诵散文要让观众进入到原作者规定的情境和语境之中，让观众理解原作者的思想感情，并在其中获得丰厚的审美体验。

　　朗诵散文要引导观众渐入佳境，带领观众慢慢地进入文章的境界，不能一上来就慷慨激昂，要用中等的语速、娓娓道来的语调，表达出属于散文独特的节奏美感和韵律美感。在这个方面，可以借鉴自由诗的朗诵技巧。

有的散文抒情状物，例如朱自清的《春》，其基调愉悦而充满生活热情，应当在处理时用明朗的语调处理。同时，在朗诵这类散文作品时，要注意通过朗诵技巧区分描写段落和抒情的段落，在描写时需要娓娓道来，在抒情时则要根据散文自身的结构和层次有意识地调整朗诵情绪的层次。

有的散文夹叙夹议，出现了人物和事件。但在朗诵时应当注意，不能陷入对于事件的具体描摹，变成了遇事则绘声绘色、遇议则冷静平稳的错误节奏，应当把对人物和事件的描写看成是整篇散文有机的组成部分来处理，而非一个又一个穿插的小故事。

朗诵散文时，我们应着重注意以下几个方面：

1. 情感真实

原作者在散文中倾注了真情实感，使其变成心灵的表白，真情流露的体现。在朗诵前应当提前了解作者并对作品内容进行深入的研究和理解，准确地把握不同作品的主题、风格和结构。做到投入真情实感，与作者共振。例如上文中提到的朱自清的《春》：

盼望着，盼望着，东风来了，春天的脚步近了。

一切都像刚睡醒的样子，欣欣然张开了眼。山朗润起来了，水涨起来了，太阳的脸红起来了。

小草偷偷地从土里钻出来，嫩嫩的，绿绿的。园子里，田野里，瞧去，一大片一大片满是的。坐着，躺着，打两个滚，踢几脚球，赛几趟跑，捉几回迷藏。风轻悄悄的，草软绵绵的。

桃树、杏树、梨树，你不让我，我不让你，都开满了花赶趟儿。红的像火，粉的像霞，白的像雪。花里带着甜味儿；闭了眼，树上仿佛已经满是桃儿、杏儿、梨儿。花下成千成百的蜜蜂嗡嗡地闹着，大小的蝴蝶飞来飞去。野花遍地是：杂样儿，有名字的，没名字的，散在草丛里，像眼睛，像星星，还眨呀眨的。

"吹面不寒杨柳风"，不错的，像母亲的手抚摸着你。风里带来些新翻的泥土的气息，混着青草味儿，还有各种花的香，都在微微润湿的空气里酝酿。鸟儿将窠巢安在繁花嫩叶当中，高兴起来了，呼朋引伴地卖弄清脆的喉咙，唱出宛转的曲子，与轻风流水应和着。牛背上牧童的短笛，这时候也成天在嘹亮地响。

雨是最寻常的，一下就是三两天。可别恼。看，像牛毛，像花针，像细丝，密密地斜织着，人家屋顶上全笼着一层薄烟。树叶子却绿得发亮，小草也青得逼你的眼。傍晚时候，上灯了，一点点黄晕的光，烘托出一片安静而和平的夜。乡下去，小路上，石桥边，有撑起伞慢慢走着的人；还有地里工作的农夫，披着蓑，戴着笠的。他们的草屋，稀稀疏疏的，在雨里静默着。

天上风筝渐渐多了，地上孩子也多了。城里乡下，家家户户，老老小小，他们也赶趟儿似的，一个个都出来了。舒活舒活筋骨，抖擞抖擞精神，各做各的一份事去。"一年之计在于春"，刚起头儿，有的是工夫，有的是希望。

春天像刚落地的娃娃，从头到脚都是新的，他生长着。

春天像小姑娘，花枝招展的，笑着，走着。

春天像健壮的青年，有铁一般的胳膊和腰脚，他领着我们上前去。

在朗诵本篇文章时要注意到其严谨的文章结构，将总起、分述和总结的部分清晰表达。在朗诵时要做到"身在其中"，与作者一起静静地欣赏春天之美、体味春雨即景的韵味。首先是对春天到来的描绘，营造一派万物生机勃勃的景象。其次，在分述的段落，作者点状地描绘了春日的景致，让我们如入春日即景的美好画卷。最后，作者运用修辞，将春天比作刚落地的娃娃、小姑娘、健壮的青年，寄寓了文章的主题。在处理时，应当将这种寓情于景、情景交融的艺术特点表达出来，并且发自内心地赞美充满希望的春天。

2. 抓住表达风格

散文的语言风格多样，通常都是一文一风格，其表达方式或细腻、或抒情、或生动、或冷峻，在朗诵时不能一成不变地处理，要根据具体的文章特点安排合适的朗诵技巧。对于叙事性的语言，朗诵要娓娓道来、细腻动听；对于描写性的语言，朗诵要生动形象、自然贴切；对于抒情性的语言，朗诵要由心而发、恰如其分；对于议论性的语言，朗诵要深刻准确、含蓄内敛。朗诵者要根据散文的语言特点安排好朗诵的技术要点，将具体文章的结构和思想感情清晰准确地传达出来。

以当代作家史铁生的代表作《我与地坛》为例。1969年，史铁生作为知青到陕西省延安地区"插队"。1972年，因病致瘫而回京。史铁生在双腿残疾的沉重打击下，在找不到工作，找不到去路，忽然间几乎什么

· 阅读与朗诵 ·

都找不到了的时候"走"进地坛,从此以后与地坛结下了不解之缘,直到写这篇散文时的十五年间,"就再没有长久地离开过它"。作者的散文写作"有一股静气",而这种特别的平静,与一般人很难想象的作者所遭受的身体的病痛与精神的绝望形成了强大的对比张力,使得这篇散文有一种平静克制之下的向着命运嘶吼的奔涌。请结合这篇散文,着重体会作品的风格、结构和思想感情,体会地坛作为"形散神不散"的、贯穿全文的线索,根据这条线索组织朗诵的表达技巧。

我与地坛(节选)
史铁生

我在好几篇小说中都提到过一座废弃的古园,实际就是地坛。许多年前旅游业还没有开展,园子荒芜冷落得如同一片野地,很少被人记起。

地坛离我家很近。或者说我家离地坛很近。总之,只好认为这是缘分。地坛在我出生前四百多年就座落在那儿了,而自从我的祖母年轻时带着我父亲来到北京,就一直住在离它不远的地方——五十多年间搬过几次家。可搬来搬去总是在它周围,而且是越搬离它越近了。我常觉得这中间有着宿命的味道：仿佛这古园就是为了等我，而历尽沧桑在那儿等待了四百多年。

它等待我出生，然后又等待我活到最狂妄的年龄上忽地残废了双腿。四百多年里，它一面剥蚀了古殿檐头浮夸的琉璃，淡褪了门壁上炫耀的朱红，坍圮了一段段高墙又散落了玉砌雕栏，祭坛四周的老柏树愈见苍幽，到处的野草荒藤也都茂盛得自在坦荡。这时候想必我是该来了。十五年前的一个下午，我摇着轮椅进入园中，它为一个失魂落魄的人把一切都准备好了。那时，太阳循着亘古不变的路途正越来越大，也越红。在满园弥漫的沉静光芒中，一个人更容易看到时间，并看见自己的身影。自从那个下午我无意中进了这园子，就再没长久地离开过它。我一下子就理解了它的意图。正如我在一篇小说中所说的："在人口密聚的城市里，有这样一个宁静的去处，像是上帝的苦心安排。"

两条腿残废后的最初几年，我找不到工作，找不到去路，忽然间几乎什么都找不到了，我就摇了轮椅总是到它那儿去，仅为着那儿是可以逃避一个世界的另一个世界。我在那篇小说中写道："没处可去我便一天到晚耗在这园子里。跟上班下班一样，别人去上班我就摇了轮椅到这儿来。园子无人看管，上下班时间有些抄近路的人们从园中穿过，园子里活跃一阵，过后便沉寂下来。""园墙在金晃晃的空气中斜切下一溜荫凉，我把轮椅开进去，把椅背放倒，坐着或是躺着，看书或者想事，撅一杈树枝左右拍打，驱赶那些和我一样不明白为什么要来这世上的小昆虫。""蜂儿如一朵小雾稳稳地停在半空；蚂蚁摇头晃脑捋着触须，猛然间想透了什么，转身疾行而去；瓢虫爬得不耐烦了，累了祈祷一回便支开翅膀，忽悠一下升空了；树干上留着一只蝉蜕，寂寞如一间空屋；露水在草叶上滚动、聚集，压弯了草叶轰然坠地摔开万道金光。""满园子都是草木竞相生长弄出的响动，窸窸窣窣窸窸窣窣片刻不息。"这都是真实的记录，园子荒芜但并不衰败。

除去几座殿堂我无法进去，除去那座祭坛我不能上去而只能从各个角度张望它，地坛的每一棵树下我都去过，差不多它的每一米草地上都有过我的车轮印。无论是什么季节，什么天气，什么时间，我都在这园子里呆过。有时候呆一会儿就回家，有时候就呆到满地上都亮起月光。记不清都是在它的哪些角落里了。我一连几小时专心致志地想关于死的事，也以同样的耐心和方式想过我为什么要出生。这样想了好几年，最后事情终于弄明白了：一个人，出生了，这就不再是一个可以辩论的问题，而只是上帝交给他的一个事实；上帝在交给我们这件事实的时候，已经顺便保证了它的结果，所以死是一件不必急于求成的事，死是一个必然会降临的节日。

经常朗诵散文可以带来很多好处，包括提高语言表达能力、增强情感表达能力、培养文学鉴赏能力、促进大脑思维发展、增强自信心和享受美感与艺术魅力等，这些好处可以帮助老年人对生活更加富于热情，让日常生活更加丰富多彩。

【作品推荐】

《雪》 鲁迅
《雅舍》 梁实秋
《乌篷船》 周作人
《没有秋虫的地方》 叶圣陶
《野外理发处》 丰子恺
《胡同文化》 汪曾祺
《丑石》 贾平凹

《合欢树》 史铁生
《温一壶月光下酒》 林清玄
《剩下的事情》 刘亮程

三、小说的朗诵技巧

小说的朗诵与散文和诗歌的朗诵略有不同。小说通常有人物、情节，篇幅较长，要求朗诵技巧更加多样和纯熟。小说通过完整的情节塑造典型人物，表现典型环境。朗诵者应当牢牢把握这一特点，不断锻炼自身的理解能力、感受能力和朗诵艺术表达能力。朗诵小说时要注意以下几个方面。

1.体验情境，生动表现

朗诵者要真的生活在小说塑造的情境之中，体会人物的真挚情感。这便要求朗诵者必须通读、熟读小说原文，认真分析、深刻理解，并将一番巧思运用在如何带领观众一同体验原文的情境和人物中。艺术表现的基础是体验，只有体验的深入、深刻，才能在表现时找到最有力的方式技巧。

祖父的园子

（节选自《呼兰河传》）

萧 红

呼兰河这小城里住着我的祖父。我出生的时候，祖父已经六十多岁了。

我家有一个大园子，这园子里蜂子、蝴蝶、蜻蜓、蚂蚱，样样都有。蝴蝶有白蝴蝶、黄蝴蝶。这种蝴蝶极小，不太好看。好看的是大红蝴蝶，满身带着金粉。蜻蜓是金的，蚂蚱是绿的。蜜蜂则嗡嗡地飞着，满身绒毛，落到一朵花上，胖圆圆的就跟一个小毛球似的不动了。

祖父一天都在院子里边，我也跟着他在里面转。祖父戴一顶大草帽，我戴一顶小草帽。祖父栽花，我就栽花；祖父拔草，我就拔草。祖父种小白菜的时候，我就在后边，用脚把那下了种的土窝一个个地溜平。其实，不过是东一脚西一脚地瞎闹。有时不单没有盖上菜种，反而把它踢飞了。

祖父铲地，我也铲地。因为我太小，拿不动锄头杆，祖父就把锄头杆拔下来，让我单拿着那个锄头的"头"来铲。其实哪里是铲，不过是伏在地上，用锄头乱钩一阵。我认不得哪个是苗，哪个是草，往往把谷穗当做野草割掉，把狗尾草当做谷穗留着。

当祖父发现我铲的那块地还留着一片狗尾草，就问我："这是什么？"

我说："谷子。"

祖父大笑起来，笑得够了，把草摘下来问我："你每天吃的就是这个吗？"

我说："是的。"

我看着祖父还在笑，就说："你不信，我到屋里拿来给你看。"我跑到屋里拿了一个谷穗，远远地抛给祖父，说："这不是一样的吗？"

祖父把我叫过去，慢慢讲给我听，说谷子是有芒针的，狗尾草却没有，只是毛嘟嘟的，很像狗尾巴。

我并不细看，不过马马虎虎承认下来就是了。一抬头，看见一个黄瓜长大了，我跑过去摘下来，吃黄瓜去了。黄瓜还没有吃完，我又看见一只大蜻蜓从旁边飞过，于是丢下黄瓜追蜻蜓了。蜻蜓飞得那么快跑，哪里会追得上？好在也没有存心一定要追上，跟着蜻蜓跑了几步就又去做别的了。采一朵倭瓜花，捉一个绿蚂蚱，把蚂蚱腿用线绑上，绑了一会儿，线头上只拴着一条腿，蚂蚱不见了。

玩腻了，我又跑到祖父那里乱闹一阵。祖父浇菜，我也过来浇。但不是往菜上浇，而是拿着水瓢，拼尽了力气，把水往天空里一扬，大喊着：

"下雨啰！下雨啰！"

太阳在园子里是特别大的，天空是特别高的。太阳光芒四射，亮得使人睁不开眼睛，亮得蚯蚓不敢钻出地面来，蝙蝠不敢从黑暗的地方飞出来。凡是在太阳底下的，都是健康的、漂亮的。拍一拍手，仿佛大树都会发出声响；叫一两声，好像对面的土墙都会回答。

花开了，就像睡醒了似的。鸟飞了，就像在天上逛似的。虫子叫了，就像虫子在说话似的。一切都活了，要做什么，就做什么，要怎么样，就怎么样，都是自由的。倭瓜愿意爬上架就爬上架，愿意爬上房就爬上房。黄瓜愿意开一个花，就开一个花，愿意结一个瓜，就结一个瓜。若都不同意，就是一个瓜也不结，一朵花也不开，也没有人问它。玉米愿意长多高就长多高，它若愿意长上天去，也没有人管。蝴蝶随意地飞，一会儿从墙头上飞来一对黄蝴蝶，一会儿又从墙头上飞走了一只白蝴蝶。它们是从谁家来的，又飞到谁家去，太阳也不知道这个。

只是天空蓝悠悠的，又高又远。

白云来了，一大团一大团的，从祖父的头上飘过，好像要压到了祖父的草帽上。

我玩累了，就在房子底下找个阴凉的地方睡着了。不用枕头，不用席子，把草帽遮在脸上就睡着了。

一切景语皆情语。朗诵本段时要能体会到作者作为孩童的天真无邪、祖父对"我"的慈爱、祖孙二人的情感联结以及园中景物的生动给作者带来的自由的、无拘无束的感受，并用适当的语气和变速将这些情感表达出来。

2. 掌握人物，绘声绘色

表现小说中的人物对于朗诵者来说是个挑战。人物的思想发展是怎样的？人物在小说情境中的起点是什么？终点是什么？人物的性格是怎样的？这些都需要朗诵者深入研究。尤其在表达人物的语言时，要体现人物性格，同时又不能与描述性和议论性的文字相割裂，要做到心理过程贯穿始终，朗诵风格前后统一。这便要求朗诵者要掌握好人物语言，设计好人物语言在朗诵中的结构性位置。

第三章 朗诵，创作语言艺术佳品

在表现人物时，朗诵者可以师法包括评书在内的传统曲艺形式，体会其表现人物生动性的技巧。同时，朗诵者要明确朗诵不是人物表演，更不是一人一台独角戏。要从俯瞰的视角把握人物语言和人物切换，要绘声绘色，不能惟妙惟肖。例如鲁迅的《阿长与〈山海经〉》的段落：

> 但是她懂得许多规矩；这些规矩，也大概是我所不耐烦的。一年中最高兴的时节，自然要数除夕了。
>
> 辞岁之后，从长辈得到压岁钱，红纸包着，放在枕边，只要过一宵，便可以随意使用。睡在枕上，看着红包，想到明天买来的小鼓、刀枪、泥人、糖菩萨……。然而她进来，又将一个福橘放在床头了。
>
> "哥儿，你牢牢记住！"她极其郑重地说。"明天是正月初一，清早一睁开眼睛，第一句话就得对我说：'阿妈，恭喜恭喜！'记得么？你要记着，这是一年的运气的事情。不许说别的话！说过之后，还得吃一点福橘。"她又拿起那橘子来在我的眼前摇了两摇，"那么，一年到头，顺顺流流……。"

梦里也记得元旦的,第二天醒得特别早,一醒,就要坐起来。她却立刻伸出臂膊,一把将我按住。我惊异地看她时,只见她惶急地看着我。

《阿长与〈山海经〉》写出了鲁迅先生对于幼时保姆的回忆和爱。在处理这篇小说的朗诵时,朗诵者可以先问自己一个问题,为什么这样一个普通的"阿长"会让鲁迅记忆至深?这个人物究竟有着怎样的魅力?尤其要注意鲁迅先生作品的特点,其文本的台词和潜台词之间具有巨大的张力,表面上的情感色彩和实际表达出的情感色彩有时截然不同。在这篇小说中,鲁迅先生用大量的贬义词描绘"长妈妈",可实际上表达的情感却不是憎恶,而是深藏着爱与怀恋的。朗诵者需要准确地把握这一点,将这篇作品温馨的基调表达出来。

在举例的段落中出现了人物的台词,这便要求朗诵者把握住人物形象。比如在"然而她进来,又将一个福橘放在床头了"。这一句带来的情境是欢快的气氛中突如其来的悬念,长妈要干什么?接下来的人物语言,要把握住作者的提示,用郑重其事的语气、急促地表达。与作者后面"第二天醒得特别早"一段形成了戏剧效果,产生了调侃、幽默的意味。

另外,在朗诵小说时经常会遇到包含对话的文本。

这时要求朗诵者要对声音的使用收放自如,通过虚实、明暗、强弱、快慢和气息来表达不同人物的特点,并在塑造特点的同时兼顾表达人物内心的思想情感,这样才能让人物的语言真正地产生艺术感染力。接下来,请综合进行以下练习,着重体会小说的情境、人物和人物形象的表达。同时在朗诵时注意不要"过火",陷入事件组成的戏剧性中而丢掉了文本背后的思想情感。

《红楼梦》第三回(节选)
清·曹雪芹

一语未了,只听外面一阵脚步响,丫鬟进来笑道:"宝玉来了!"黛玉心中正疑惑着:"这个宝玉,不知是怎生个惫懒人物,懵懂顽童?"——倒不见那蠢物也罢了。心中想着,忽见丫鬟话未报完,已进来了一位年轻的公子。

黛玉一见,便吃一大惊,心下想道:"好生奇怪,倒像在哪里见过一般,何等眼熟到如此!"

头上周围一转的短发,都结成小辫,红丝结束,身上穿着银红撒花半旧大袄,仍旧戴着项圈,宝玉,寄名锁,护身符等物,锦边弹墨袜,厚底大红鞋,越显得面如敷粉,唇若施脂,转盼多情,言语常笑,天然一段风骚,全在眉梢,平生万种情思,悉堆眼角,看其外貌最是极好,却难知其底细。

贾母因笑道:"外客未见,就脱了衣裳,还不去见你妹妹!"宝玉早已看见了一个姊妹,便料定是林姑妈之女,忙来作揖。厮见毕归坐,细看形容,与众各别:

两弯似蹙非蹙罥烟眉,一双似泣非泣含露目。态生两靥之愁,娇袭一身之病。泪光点点,娇喘微微。闲静时如姣花照水,行动处似弱柳扶风。心较比干多一窍,病如西子胜三分。

宝玉看罢,因笑道:"这个妹妹我曾看见过的。"贾母笑道:"可又是胡说,你又何曾见过她?"宝玉笑道:"虽然未曾见过她,然我看着面善,心里就算是旧相识,今日只作远别重逢,亦未为不可。"

节选内容为宝玉第一次见到黛玉的部分,作者从黛玉的视角观察宝玉,又从宝玉的视角观察黛玉,不同人物的不同心态需要细腻把握。同时,又有贾母视角的观察,通过对比和反衬,突出宝玉和黛玉的相遇虽是初次相见,却二人都有似曾相识的感觉。表现这一段落时,要通读《红楼梦》，结合对这两个人物形象的深入理解来恰如其分地表达出人物视角和其所思所想。

【作品推荐】

《狂人日记》 鲁迅

《啼笑因缘》 张恨水

《四世同堂》 老舍

《金锁记》 张爱玲

《边城》 沈从文

《家》 巴金

《安乐居》 汪曾祺

《平凡的世界》 路遥

《活着》 余华

《三体》 刘慈欣

四、寓言和童话的朗诵

寓言和童话都源自民间，受到神话、传说的直接影响，都具有丰富的想象力和故事性，通过创造性的想象和假托的情节来传达一定的道理或教育意义，适合儿童阅读。寓言通常采用拟人、夸张、象征等艺术表现手法，而童话则更倾向于以幻想为基础，展现出更丰富的想象空间。寓言简短易懂，旨在通过故事传达人生哲理和道德训诫，能够启发儿童的思考能力；而童话则能够满足儿童的幻想和好奇心，有益于培养想象力和创造力。老年人学好寓言和童话的朗诵，不仅可以直接带来愉悦和放松的感受，还可以应用于家庭隔代亲子教育之中，寓教于乐，促进家庭成员之间的沟通与和谐。朗诵寓言和童话需要注意以下几点：

1. 选择合适的朗诵作品

适合朗诵的寓言和童话作品应该具有生动、有趣的情节，有鲜明、独特的形象，能够让听众感受到故事中的人物、动物或物体的特点和性格，同时应该具有深刻、有启示性的主题，能够让听众在听故事的同时获得一定的道理或启示。

2. 深入了解作品的寓意和情感

在朗诵寓言和童话时，要读懂故事，挖掘和解读故事中蕴含的道理，并进一步将寓言中的道理同生活联系起来，而不仅仅限于朗读文字。可以联系上一节中提到的小说的朗诵要求，表现不同的人物（动物）形象，恰如其分地揭示其内在的道理。

3. 明确朗诵者身份，确定语言风格

尽管寓言和童话的读者听众多为儿童，但也不是绝对的。朗诵寓言和童话作品，也要考虑到听众的变化和接受度，确定自己要作为什么样的讲述者，并依据情节和角色需求选择适当的语言风格。

4. 结合动作表情增强表现力

寓言和童话的世界是生动的、活泼的，在朗诵时为了将童话里鲜明的情境和人物形象传达出来，可以对声音进行适当地加工，以增强其表现力。为了逼真地表现出童话世界的活泼角色，可以进行模仿、夸大等艺术加工，增强作品的艺术效果。

综合进行以下练习，着重体会在寓言和童话的朗诵中如何揭示本质、增强艺术表现力。

朗诵《农夫和蛇》，要注意突出农夫最后后悔的语气，告诫世人要明辨是非。

在一个寒冷的冬天，赶集完回家的农夫在路边发现了一条冻僵了的蛇。

他很可怜蛇，就把它放在怀里。

当他身上的热气把蛇温暖以后，蛇很快苏醒了，露出了残忍的本性，给了农夫致命的伤害——

咬了农夫一口。

农夫临死之前说:"我竟然救了一条可怜的毒蛇,就应该受到这种报应啊!"

几乎众所周知的寓言《狐假虎威》,用动物世界隐喻了人间的世态炎凉。在朗诵这则寓言时,要细腻把握狐狸和老虎的"人物"性格,利用表情和身体语言,力争将寓言中的画面活泼生动地展现出来。

在茂密的森林里,有一只老虎正在寻找食物。一只狐狸从老虎身边窜过。老虎扑过去,把狐狸逮住了。

狐狸眼珠子骨碌一转,扯着嗓子问老虎:"你敢吃我?"

"为什么不敢?"老虎一愣。

"老天爷派我来管你们百兽,你吃了我,就是违抗了老天爷的命令。我看你有多大的胆子!"

老虎被蒙住了,松开了爪子。

狐狸摇了摇尾巴,说:"我带你到百兽面前走一趟,让你看看我的威风。"

老虎跟着狐狸朝森林深处走去。

狐狸神气活现,摇头摆尾;老虎半信半疑,东张西望。森林里的野猪啦，小鹿啦，兔子啦，看见狐狸大摇大摆地走过来，跟往常很不一样，都很纳闷。再往狐狸身后一看，呀，一只大老虎！大大小小的野兽吓得撒腿就跑。

老虎信以为真。其实他受骗了。原来，狐狸是借着老虎的威风把百兽吓跑的。

很多作品虽然是童话，却不一定只是写给儿童的，譬如《安徒生童话》，尽管其作品特别标有"讲给孩子们听的"标签，但同时也具有深刻的人文内涵，很多内容是入世未久的儿童是较难接受和理解的，只有拥有一定生活和人生阅历的成人才能从这些作品中获得良多的启迪和教益。因此，朗诵这样的童话故事，更需要朗读者不断打磨，既要表现出故事主人公的童真形象，又要一定程度上传达出作品中的人文底蕴；既要深入理解作品，又要照顾到听者的接受程度，核心目标和标准是要"抓住"听者。

以《卖火柴的小女孩》为例，作品中的小女孩点燃了五次火柴，出现了四次幻象。这四次幻象分别代表着小女孩对温暖、食物、欢乐和奶奶的渴望。火柴每一次的熄灭，都象征着这些愿望的破灭，进一步强调了现实的黑暗和残酷。作品的表达实际是层层递进的，最终，

·阅读与朗诵·

小女孩离世的悲惨命运和与奶奶"重聚"的"幸福时刻"交错在一起,表面上是"欣喜"和"幸福"的,而实际的结局却是悲惨凄凉的。朗诵《卖火柴的小女孩》(节选),感受这种多重情感的交织和传递。

这时候,火柴又灭了。只见圣诞树上的烛光越升越高,最后成了在天空中闪烁的星星。有一颗星星落了下来,在天空中划出了一道细长的红光。"有一个什么人快要死了。"小女孩说。唯一疼她的奶奶活着的时候告诉过她:一颗星星落下来,就有一个人要离去了。

她在墙上又擦着了一根火柴。这一回,火柴把周围全照亮了。奶奶出现在亮光里,是那么温和,那么慈爱。"奶奶!"小女孩叫起来,"啊!请把我带走吧!我知道,火柴一灭,您就会不见的,像那暖和的火炉,喷香的烤鹅,美丽的圣诞树一样,就会不见的!"

她赶紧擦着了一大把火柴,要把奶奶留住。一大把火柴发出强烈的光,照得跟白天一样明亮,奶奶从来没有像现在这样高大,这样美丽。奶奶把小女孩抱起来,搂在怀里。她俩在光明和快乐中飞走了,越飞越高,飞到那没有寒冷,没有饥饿,也没有痛苦的地方去了。

第二天清晨,这个小女孩坐在墙角,两腮通红,嘴上带着微笑。她死了,在旧年的最后一夜冻死了。新年的太阳升起来了,照在她小小的尸体上。小女孩坐在那儿,手里还捏着一把烧过了的火柴梗。

"她想给自己暖和一下……"人们说。谁也不知道她曾经看到过多么美丽的东西,她曾经多么幸福,跟着她奶奶一起向新年的幸福中走去。

【作品推荐】

《一只想飞的猫》 陈伯吹

《宝葫芦的秘密》 张天翼

《怪老头儿》 孙幼军

《没头脑和不高兴》 任溶溶

《蛇王淘金》 郑渊洁

《小王子》 [法]圣埃克苏佩里

《夏洛的网》 [美]埃尔文·布鲁克斯·怀特

《海的女儿》 [丹麦]安徒生

《快乐王子》 [英]王尔德

《渔夫和金鱼的故事》 [俄]普希金

·阅读与朗诵·

《哈利·波特与魔法石》　　［英］J.K.罗琳

第四节　朗诵与其他艺术形式的融合

朗诵可以作为独立的艺术表现形式，也可以和音乐、舞蹈、戏剧等艺术形式相互融合。将朗诵和其他艺术形式结合起来，可以创造出更加多样化、丰富和深入的艺术体验。

例如，朗诵和音乐相结合，可以通过音乐的情感表现来衬托朗诵者的语言表达，也可以借助朗诵传达出音乐作品的思想内涵，更加富于感染力；朗诵和影像相结合，可以通过影像的视觉效果来增强朗诵作品的情感表达，或在影像展览的集会活动上，融入小型朗诵会，呈现出一种文学、影像双重魅力的艺术效果，激发观众的情感共鸣，让艺术展现出的效果更为丰富立体；在舞蹈表演或歌舞剧中融入朗诵的形式，朗诵者与舞者共同呈现作品要表达的内容，可以产生艺术形式的碰撞与升华。

朗诵和其他艺术形式结合，不仅可以增强作品的表现力和创意多样性，同时也可以提升作品的文化内涵，以及观众的文化素养。将朗诵与其他艺术形式结合起来，更富于表演性，需要面向观众呈现更富创新性的艺术效果。做这样的尝试需要遵循以下几个基本原则。

·统一性：朗诵与其他的艺术形式结合，在作品选择上需要注意主题、基调的统一，要让整个作品呈现和谐统一的情感情绪和格调氛围。除了主题、情感、情绪的统一，也要考虑作品的风格和节奏。尤其是朗诵与器乐演奏进行搭配时，因为有可能表演是同时进行，所以在曲目、作品的选择上要考虑实际表演风格和节奏上的统一。

·协调性：在进行艺术形式的融合时，要谨记融合是为了更好地服务于主题和演出效果，不是为融合而融合，艺术形式相互之间要相得益彰，起到互相补充、共同推动的作用，要根据演出的目标来适当划分主次，要避免烦琐冗长。比如表演《黄河》组曲，合唱的气势明显大过朗诵，就可以在演唱之前或乐章之间加入同题朗诵的节选，让整个表演有更好的延展和情绪铺垫；如果是《红楼梦》作品的演奏会，就可以选择小说中相应的诗词作品穿插融合其中，但如果是《红楼梦》诗词朗诵会，就可以选择贴合诗词作品情绪的器乐或曲目，作为配乐衬托在朗诵过程之中，红楼梦的主题曲演奏或演唱穿插与诗词作品的朗诵篇目之间，让整个演出更为丰富、更具艺术鉴赏性。

・艺术性：朗诵和其他艺术形式结合时，要注重审美效果，保证观众的视觉、听觉、心理等方面的体验感受，达到艺术作品的高度审美价值。同时也要注意适当地调整表现手法和技巧，形成良好的艺术效果。可以尽量选择经典作品进行融合搭配，在演出经验成熟的情况下再进行尝试和探索。

一、相融：朗诵与声乐艺术的结合

1.背景配乐

我们说到朗诵与乐曲的结合，马上就会想到配乐朗诵。在朗诵过程中辅以优美而适当的配乐，可以更好地营造氛围，传递情感，带给听众更沉浸的享受，也有利于听者更深入地理解和感受作品内涵。

朗诵的背景配乐在整个表演中扮演着非常重要的角色，能够加强朗诵的节奏感、情感表达力和氛围感，对于整个朗诵效果有很大的影响。那么在选择背景配乐时可以从以下几个方面考虑。

・主题和情感：给朗诵的作品选择配乐，最重要的是先确立朗诵的主题和情感基调，再选择与之相符合的音乐风格和曲目。一篇作品是欢快的还是惆怅的，是抒情的还是激昂的，其对应的音乐背景，也应当是一致的。如朗诵郁达夫《故都的秋》，背景音乐就可以选择以秋日为主题的音乐，如《秋日私语》《秋月》等。

·节奏和速度：根据朗诵内容的语速和情感变化，选择节奏和速度与之匹配的音乐，以达到最佳的配合效果。比如情感激烈饱满的作品，可以尝试节奏强烈的音乐，而思维缓慢的部分则可以选择节奏柔缓的音乐。

·文化背景：朗诵剧所处的不同历史时期和文化背景，也会对背景音乐的选择产生影响。比如中国传统朗诵剧可以选择古典音乐，而西方朗诵剧则可以选择现代音乐。

·个人审美：每个人的审美观点和喜好都不同，所以选择背景音乐时可以根据自己的倾向和感受来进行选择。

总之，在选择朗诵剧背景配乐时，需要根据剧目主题、情感、语速和文化背景等多方面因素进行考虑，并且结合个人审美倾向进行选择，以寻求最佳的配合效果。

想要让朗诵的背景音乐更有助力，还有一个讨巧的办法，就是在诵读经典作品时，可以选择同题曲作为背景配乐。同题作品的内容与乐曲在传达主题、情绪方面通常具有一致性，因此搭配起来较为和谐，可以起到相得益彰的效果。

比如要朗诵《三国演义》的卷首词《临江仙·滚滚长江东逝水》，就可以选用1994年版电视剧《三国演义》的主题曲（乐曲演奏版）作为背景配乐。《滚滚长江东逝水》原词似怀古、似咏志，开篇从景观的波澜壮阔切入对历史的咏叹，描绘了生活情境又富于哲理，意境深邃。这种风格豪放、大开大合的诗作配曲原本宜选用曲调雄浑的古乐，但这一诗作被当代作曲家进行过谱曲创作，又有很高的传播度，因此刚好可以进行匹配融合，在欣赏作品的同时，也是我们对古今艺术家们的致敬。

临江仙·滚滚长江东逝水
明·杨慎

滚滚长江东逝水，浪花淘尽英雄。
是非成败转头空。
青山依旧在，几度夕阳红。
白发渔樵江渚上，惯看秋月春风。
一壶浊酒喜相逢。
古今多少事，都付笑谈中。
（配曲：《滚滚长江东逝水》，作曲 谷建芬）

第三章 朗诵，创作语言艺术佳品

另外，也有一些"万能配乐"，就是那些比较柔缓、抒情的世界名曲，以钢琴曲为最佳，如《梦中的婚礼》《水边的阿狄丽雅》《爱之梦》《卡农》等；一些抒情的弦乐和电影原声也很适合作为朗诵的背景烘托，如《回忆》《爱情故事》《时光倒流七十年》等；一些中国古典诗词的诵读，也可以辅以古筝、古琴曲作为背景配乐，如《高山流水》《梅花三弄》《汉宫秋月》《阳关三叠》等，可以更容易将听众带入古代时空，产生沉浸式体验。

此外，背景音乐应当与朗诵者的声音相匹配，不宜声音过高或过低。如果朗诵者的声音柔和，背景音乐就应当选择柔和的曲子；如果朗诵者的声音高亢，背景音乐就应当选择旋律明快的曲子，切勿喧宾夺主，力争取得水乳交融、相得益彰的效果。

《匆匆》是中国现代散文名家朱自清写于1922年3月的作品。彼时五四运动已经走到了落潮期，现实情况让朱自清失望，但作者在彷徨中并未甘于沉沦。作者认为："生活中的各种过程都有它独立的意义和价值——每一刹那有它的意义与价值！每一刹那在持续的时间里，有它相当的位置。"作者感受着时代跳动的脉搏，写下的《匆匆》表现了青年知识分子对未来的求索，也反映了当时一部分青年热爱生活、追求进步，然而又不无

227

惶惑、苦闷的时代情绪。找到节奏柔缓、略带伤感或感怀时间流逝的乐曲作为背景音乐,融合音乐的氛围和节奏朗诵这一现代散文名篇。

匆 匆

朱自清

燕子去了,有再来的时候;杨柳枯了,有再青的时候;桃花谢了,有再开的时候。但是,聪明的,你告诉我,我们的日子为什么一去不复返呢?——是有人偷了他们罢:那是谁?又藏在何处呢?是他们自己逃走了罢:如今又到了哪里呢?

我不知道他们给了我多少日子,但我的手确乎是渐渐空虚了。在默默里算着,八千多日子已经从我手中溜去,像针尖上一滴水滴在大海里,我的日子滴在时间的流里,没有声音,也没有影子。我不禁头涔涔而泪潸潸了。

去的尽管去了,来的尽管来着,去来的中间,又怎样地匆匆呢?早上我起来的时候,小屋里射进两三方斜斜的太阳。太阳他有脚啊,轻轻悄悄地挪移了;我也茫茫然跟着旋转。于是——洗手的时候,日子从水盆里过去;吃饭的时候,日子从饭碗里过去；默默时，便从凝然的双眼前过去。我觉察他去的匆匆了，伸出手遮挽时，他又从遮挽着的手边过去，天黑时，我躺在床上，他便伶伶俐俐地从我身上跨过，从我脚边飞去了。等我睁开眼和太阳再见，这算又溜走了一日。我掩着面叹息。但是新来的日子的影儿又开始在叹息里闪过了。

在逃去如飞的日子里，在千门万户的世界里的我能做些什么呢？只有徘徊罢了，只有匆匆罢了；在八千多日的匆匆里，除徘徊外，又剩些什么呢？过去的日子如轻烟，被微风吹散了，如薄雾，被初阳蒸融了；我留着些什么痕迹呢？我何曾留着像游丝样的痕迹呢？我赤裸裸来到这世界，转眼间也将赤裸裸的回去罢？但不能平的，为什么偏要白白走这一遭啊？

你聪明的，告诉我，我们的日子为什么一去不复返呢？

2. 与声乐和演奏结合

朗诵与声乐演奏同是声音的艺术，这两者的结合很常见，也有很多经典的作品。如《黄河大合唱》这部中国大型声乐作品，通过朗诵和音乐相结合的方式，将朗诵的慷慨激昂与合唱的气势磅礴完美融合，展现了黄河儿女的斗争精神。

历史上很多经典的诗词文学作品，都有现代音乐家的同题佳作，这些同题作品通常可以放在一起融合演出。20世纪80年代后期，央视1987年版《红楼梦》横空出世，影响了整整一代人，被誉为"中国电视史上的绝妙篇章"，其中脱胎于书中经典诗词的十余首主题音乐至今常演不衰。2019年的《红楼梦古典之夜》上，曾担纲《舌尖上的中国》解说的著名配音表演艺术家李立宏与北京民族乐团合作，奉献了教科书般的朗诵表演《枉凝眉》，可谓朗诵与声乐演奏的典范之作。

枉凝眉
清·曹雪芹

一个是阆苑仙葩，一个是美玉无瑕。若说没奇缘，今生偏又遇着他；若说有奇缘，如何心事终虚话？

一个枉自嗟呀，一个空劳牵挂。一个是水中月，一个是镜中花。想眼中能有多少泪珠儿，怎禁得秋流到冬，春流到夏。

"和诗以歌"一直是中华文化的传统。在流行乐坛，以古典诗词为内容的脍炙人口的作品历来不少，从邓丽君的《独上西楼》到王菲的《明月几时有》，再到摇滚乐队轮回的《烽火扬州路》，中国古诗词一直是滋养我国流行文化的深厚沃土。

2018年，央视还打造了一档将传统诗词经典与现代流行相融合的综艺《经典咏流传》，以明星或普通人为代表的经典传唱人，用流行歌曲的演唱方法重新演唱经典诗词，带领观众在一众唱作歌手的演绎中领略诗词之美，同时也留下了诸多与经典诗词同题的流行歌曲作品，如苏轼的《定风波》（谭咏麟演唱）、郑燮的《竹石》（肖战演唱）乃至楚辞《九歌·国殇》（黄龄演唱），这些作品也都是我们将朗诵与声乐演唱相结合的不错选择。

时代在前进，各种艺术形式都在创新中融合发展，从西方流传到中国的说唱文化也为"诵"与"歌"的融合提供了借鉴。《小河淌水1952》是一首由说唱歌手法老作词作曲并与歌唱家龚琳娜共同演唱的一首歌曲，发行于2022年。歌手法老利用乐曲的节奏念出志愿军的家信，龚琳娜的声线婉转缥缈，在每一段歌词中间穿插流淌，战士怀乡、祈愿和平的情感直击人心。这样的融合让人耳目一新，即使是严肃的主题，在当时也受到了年轻听众的青睐和追捧。虽然这是一首完整的说唱作品，但从创新的角度看，这未尝不是"朗诵"的一种新的尝试，让我们看到"朗诵"呈现的丰富性和与音乐演唱结合的可能性，可以作为朗诵与歌曲两种艺术形式结合的借鉴。尝试两人搭档，一人念诵，一人和歌，感受这两种艺术形式相融之后带来的情感体验。

小河淌水1952

作词作曲　法老　　演唱　法老　龚琳娜

1951年秋暮
依然还未到时候可以踏上归途
将来凯旋之时还望妹能继续教我美术
队伍现正大步向北我们身上无戎寒装
那天上的大雁却似怕了鬼军不停地扑向南方
侦查员说那雪山后满是枪炮和坦克
我心中已经有了不下千百次的忐忑
记得妹幼之时曾问我参军如此坎坷怎不选择做一看客？
男自幼穷苦
深知今之和平得来多么不易
若非人民军队家里哪有钱可以烧柴煮米
在谷底我常常梦见妹在唱歌脸上挂着笑

跟月牙似的
所以我怕我怕那砸向朝鲜的燃烧弹
明天也会撕开家乡的云彩
每次想到这我眼泪是怎么止都止不住的流
男势必拿我之生命血肉来守护你的歌喉

月亮出来亮汪汪亮汪汪
啊~月亮出来亮汪汪亮汪汪

1952年春幕
刚被做完了一通简单的手术
归途到来时候或得靠子鸣背我上路了
我这大男人今天又架不住地哭了
指导员就这样牺牲了
在我面前把血染进了风里
那一刻冲上山头的队伍比平常百倍拥挤
因为指导员的余音依然唱在周围每寸空气里
从来就没有什么救世主
也不靠神仙皇帝
我身上那些弹孔和疼痛刹那间竟也全然忘记
男曾是一名糊涂兵
断没想过为谁去拼命

·阅读与朗诵·

直到我看到朝鲜人民

在悲霖苦难中呻吟

而新中国刚正经地诞生出些许和平

我不禁明白肩上有着什么担负

是的红星的光芒定会照亮整座山谷

届时我会戴上那大红花摇下车窗

看远处洱海边的月下定有妹在为我歌唱

月亮出来亮汪汪亮汪汪

啊~月亮出来亮汪汪亮汪汪

1952年冬至

妹相距一别足有五年

你从未对我有所吐怨

现如今我大概已无法当面致歉

那漫天战机在我头上密密麻麻地轰炸

身边同志也只留得三人未有倒下

但即便粉身碎骨我也断不会把这阵地给抛下

我虽是个坚定的唯物主义者

却也渴望来生能与你再相拥一刻

若时光可以倒回

我想时针走的慢一些

在太极山口兴许还能多瞧上你几眼
妹那朝鲜的高粱地和家乡一样美
金风拂过溪水云朵绕着山就像翡翠
我把那红花塞进了信纸给你愿它不会枯萎
此生有你无所遗憾
祝世界和平再无泪水
新中国万岁!

月亮出来亮汪汪亮汪汪
啊~哥像月亮天上走天上走
哥啊哥啊~哥啊啊

　　声乐和器乐有悠扬婉转的旋律,朗诵者有优美的话语,这两者结合既有对历史的追忆和怀念,又有对现实的批判和反思,还有对未来的展望和期待。这样的结合让观众们更容易与表演者产生共鸣和共情,感受到语言艺术与多元文化的魅力,进而激发热爱与学习的兴趣。品鉴这个作品,思考还有哪些民族乐曲适合这样的改编,尝试进行一次将歌曲与朗诵有机结合的创作。

二、相宜:朗诵与书画艺术

　　朗诵、书法和绘画(这里专指国画)都是中国传统文化中非常重要的艺术形式，这三者的结合，以"意境"为纽带，"神韵"为贯穿，"寄情"为依托，可以更好地呈现中华传统文化的魅力。

朗诵与书法相结合，可以通过书写及书法艺术的方式，将朗诵者的声音和语言表达结合到一起，形成独特的视觉感受。例如，在一张白纸上，用行云流水的书法表现出朗诵者所朗诵的诗歌或散文，不仅可以表现出诗意和句意，还能够展示出艺术家的书法功力和审美情趣。这种形式的作品在中国传统文化中也称为"诗字画"。

以下是一些朗诵、书法和绘画结合的经典范例：

王羲之的《兰亭集序》是一篇书法名作，同时也是中国文学史上的经典之作。在朗诵过程中，可以展示王羲之的书法作品，并结合相关的绘画作品，以更好地表现作者的思想和情感。

兰亭集序
魏晋·王羲之

永和九年，岁在癸丑，暮春之初，会于会稽山阴之兰亭，修禊事也。群贤毕至，少长咸集。此地有崇山峻岭，茂林修竹；又有清流激湍，映带左右，引以为流觞曲水，列坐其次。虽无丝竹管弦之盛，一觞一咏，亦足以畅叙幽情。

是日也，天朗气清，惠风和畅，仰观宇宙之大，俯察品类之盛，所以游目骋怀，足以极视听之娱，信可乐也。

夫人之相与，俯仰一世，或取诸怀抱，悟言一室之内；或因寄所托，放浪形骸之外。虽趣舍万殊，静躁不同，当其欣于所遇，暂得于己，快然自足，不知老之将至。及其所之既倦，情随事迁，感慨系之矣。向之所欣，俯仰之间，已为陈迹，犹不能不以之兴怀。况修短随化，终期于尽。古人云："死生亦大矣。"岂不痛哉！

每览昔人兴感之由，若合一契，未尝不临文嗟悼，不能喻之于怀。固知一死生为虚诞，齐彭殇为妄作。后之视今，亦犹今之视昔。悲夫！故列叙时人，录其所述，虽世殊事异，所以兴怀，其致一也。后之览者，亦将有感于斯文。

朗诵与绘画结合，可以通过画笔、颜料等画法手段，把朗诵者朗诵时产生的想象和意境以图像的形式呈现出来。例如，朗诵者朗诵的是某首山水诗，艺术家则可以用油画或水彩画等形式，展现出一幅自然风景画，将诗意与图像相结合。这样的作品在视觉上通常更加直观和强烈，同时也能够带给观众更加丰富的想象空间和艺术享受。

辛弃疾《青玉案·元夕》描写了元宵佳节的繁华景象和词人思乡之情。它不仅在文学上具有很高的艺术价值，而且在朗诵、书法和绘画方面也都有经典的创作。例如，著名书法家颜真卿曾用行草书法将此词书写于云龙壁上，形成了著名的"元夕行草"。另外，大师齐白石也曾于1947年创作过以此词为题材的山水画。元宵佳节是聚会的好时节，因此这首词也是欢庆上元节，诵诗词、览书画助兴的热门备选。

青玉案·元夕
宋·辛弃疾

东风夜放花千树。更吹落、星如雨。宝马雕车香满路。凤箫声动，玉壶光转，一夜鱼龙舞。

蛾儿雪柳黄金缕。笑语盈盈暗香去。众里寻他千百度。蓦然回首，那人却在，灯火阑珊处。

李清照的《如梦令·常记溪亭日暮》表达了词人对离别之苦的思考，被誉为中国古代词歌中的一绝。此词曾被著名画家齐白石、傅抱石、张大千等多次绘画，其中以傅抱石所绘《如梦令·常记溪亭日暮》词意图最为著名。此图运用了笔墨柔和、线条流畅的技法，展现了一幅想象丰富、别有意味的画面。

如梦令·常记溪亭日暮
宋·李清照

常记溪亭日暮，沉醉不知归路。
兴尽晚回舟，误入藕花深处。
争渡，争渡，惊起一滩鸥鹭。

这些作品以文学经典为基础，通过朗诵、书法和绘画的形式丰富了艺术创作的内涵和形式。它们不仅在收藏界备受青睐，在公共文化场所中也备受欢迎与推崇。

总之，朗诵、书法和绘画都是非常重要的中国传统艺术形式，在它们之间找到结合点，可以产生出更具艺术价值的作品。这些结合方式不仅能够为人们带来视觉和听觉上的艺术享受，也能够让人们更好地了解和体验中国传统文化。

三、相辅：朗诵与舞蹈艺术

朗诵是以声音为主要表现手段的表演形式，通过声音的高低、强弱、快慢、音色等变化来传达情感和思想。舞蹈则是以肢体为主要表现手段的表演形式，它通过身体的动作、姿态、节奏等元素来传达情感和表现主题。将朗诵和舞蹈结合起来，可以通过声音和肢体语言的互补，更好地表现作品的主题和情感。

朗诵与舞蹈结合，可以将朗诵的诗句或故事情节与舞蹈动作的设计相呼应，如当代诗人欧震的《诗意中国》是一首很适合多人表演的诗歌，在舞台上，舞蹈演员和朗诵者分工合作，伴随着背景音乐传达出诗句的情感，增强舞台表现力。

诗意中国
欧 震

其实，从屋檐滴下的一颗水珠里
你就可以感受到中国的诗意
那是由屋顶上的积雪融化而成的水珠
当你伸出手掌
那颗水珠就在你的手心眨动
她明亮得就像春天的眼睛

于是你听到了风的歌声慢慢暖了
于是你看到了地的画布渐渐绿了
于是柳丝在舞、燕子在飞
于是桃花红了、杏花白了、油菜花黄了
于是姹紫嫣红、流光溢彩
中国在写着一首关于春天的诗了

其实，从劳动者脸上的一颗汗珠里
你就可以感受到中国的诗意
因为它更像一颗沉甸甸的种子
因为无数颗汗珠一旦播洒
就会生根、发芽
就会稻花飘香、麦浪滚滚
就会有郁郁葱葱的森林绿海
就会有果实累累的大厦天堂
其实，从每一个普通中国人的笑容里
你都可以感受到中国的诗意
它是温馨的，闪烁着梦想的美丽
它是自信的，绽放着人生的豪迈
每天，太阳照常升起
而与太阳一同燃烧的
是笑容里的灿烂，是怒放中的青春

是工厂熊熊的炉火
是人们心头永远不会熄灭的对美好生活的憧憬

其实，中国的诗意无处不在
它折叠在昔我往矣杨柳依依的风雅里
它呈现在挥毫泼墨笔走龙蛇的宣纸上
它起伏在高山流水响遏行云的旋律中
它奔腾在大风起兮千古风流的故事里

其实，中国的诗意无时不在
它融化在风清日朗出水芙蓉的意境里
它渗透在万山红遍层林尽染的秋色中
它浪漫在花好月圆民安国泰的祥瑞里
它辉煌在江山锦绣分外妖娆的壮美中
其实，从你回眸的那个眼神里
我就感觉到了中国的诗意

因为，我从你的眼里读到了优雅的气质
读到了幸福的光芒
我看见，你的眼里
正在大步流星地
走着一个器宇轩昂的中国。

也可以将朗诵和舞蹈分开进行，在表演中交替呈现：朗诵一段文字之后，舞蹈演员进入舞台并带来一段精彩的表演，然后朗诵继续。这种融合适合较长的叙事诗。如唐代诗人白居易的《长恨歌》。此诗可分为三大段：从"汉皇重色思倾国"至"惊破霓裳羽衣曲"共三十二句为第一段，写唐玄宗和杨贵妃的爱情生活、爱情效果，以及由此导致的荒政乱国和安史之乱的爆发。从"九重城阙烟尘生"至"魂魄不曾来入梦"共四十二句为第二段，写马嵬驿兵变，杨贵妃被杀，以及此后唐玄宗对杨贵妃朝思暮想，深情不移。从"临邛道士鸿都客"至"此恨绵绵无绝期"共四十六句为第三段，写唐玄宗派人上天入地到处寻找杨贵妃和杨贵妃在蓬莱宫会见唐玄宗使者的情形。在这三段诗文的朗诵过程之中，可穿插对《霓裳羽衣舞》的再现。

长恨歌
唐·白居易

汉皇重色思倾国，御宇多年求不得。杨家有女初长成，养在深闺人未识。

天生丽质难自弃，一朝选在君王侧。回眸一笑百媚生，六宫粉黛无颜色。

春寒赐浴华清池,温泉水滑洗凝脂。侍儿扶起娇无力,始是新承恩泽时。

云鬓花颜金步摇,芙蓉帐暖度春宵。春宵苦短日高起,从此君王不早朝。

承欢侍宴无闲暇,春从春游夜专夜。后宫佳丽三千人,三千宠爱在一身。

金屋妆成娇侍夜,玉楼宴罢醉和春。姊妹弟兄皆列土,可怜光彩生门户。

遂令天下父母心,不重生男重生女。骊宫高处入青云,仙乐风飘处处闻。

缓歌慢舞凝丝竹,尽日君王看不足。渔阳鼙鼓动地来,惊破霓裳羽衣曲。

九重城阙烟尘生,千乘万骑西南行。翠华摇摇行复止,西出都门百余里。

六军不发无奈何,宛转蛾眉马前死。花钿委地无人收,翠翘金雀玉搔头。

君王掩面救不得,回看血泪相和流。黄埃散漫风萧索,云栈萦纡登剑阁。

峨嵋山下少人行,旌旗无光日色薄。蜀江水碧蜀山青,圣主朝朝暮暮情。

行宫见月伤心色,夜雨闻铃肠断声。天旋地转回龙驭,到此踌躇不能去。

第三章 朗诵，创作语言艺术佳品

马嵬坡下泥土中，不见玉颜空死处。君臣相顾尽沾衣，东望都门信马归。

归来池苑皆依旧，太液芙蓉未央柳。芙蓉如面柳如眉，对此如何不泪垂。

春风桃李花开夜，秋雨梧桐叶落时。西宫南内多秋草，落叶满阶红不扫。

梨园弟子白发新，椒房阿监青娥老。夕殿萤飞思悄然，孤灯挑尽未成眠。

迟迟钟鼓初长夜，耿耿星河欲曙天。鸳鸯瓦冷霜华重，翡翠衾寒谁与共。

悠悠生死别经年，魂魄不曾来入梦。临邛道士鸿都客，能以精诚致魂魄。

为感君王辗转思，遂教方士殷勤觅。排空驭气奔如电，升天入地求之遍。

上穷碧落下黄泉，两处茫茫皆不见。忽闻海上有仙山，山在虚无缥缈间。

楼阁玲珑五云起，其中绰约多仙子。中有一人字太真，雪肤花貌参差是。

金阙西厢叩玉扃，转教小玉报双成。闻道汉家天子使，九华帐里梦魂惊。

揽衣推枕起徘徊，珠箔银屏迤逦开。云鬓半偏新睡觉，花冠不整下堂来。

风吹仙袂飘飖举，犹似霓裳羽衣舞。玉容寂寞泪阑干，梨花一枝春带雨。

　　含情凝睇谢君王，一别音容两渺茫。昭阳殿里恩爱绝，蓬莱宫中日月长。

　　回头下望人寰处，不见长安见尘雾。惟将旧物表深情，钿合金钗寄将去。

　　钗留一股合一扇，钗擘黄金合分钿。但令心似金钿坚，天上人间会相见。

　　临别殷勤重寄词，词中有誓两心知。七月七日长生殿，夜半无人私语时。

　　在天愿作比翼鸟，在地愿为连理枝。天长地久有时尽，此恨绵绵无绝期。

无论使用哪种方法，都需要舞蹈和朗诵的演员之间密切配合，才能使整个表演流畅自然，并给观众留下深刻的印象。考虑如何将朗诵与舞蹈两种艺术形式融合，可以从以下几个方面作为切入点。

·利用道具：在朗诵和舞蹈的结合中，可以利用道具来增强表现力。例如，可以使用花、剑等物品来象征性地表达情感和主题。

·以音乐为纽带：音乐是舞蹈的灵魂，也是朗诵的重要辅助手段。在结合表演时，可以选择一首与朗诵内容相符合的音乐，以音乐为纽带，将朗诵和舞蹈紧密结合起来。

· 利用舞台布置：舞台布置可以增强表演的效果。在朗诵和舞蹈的结合中，可以利用舞台布置来营造氛围和情感。例如，可以使用背景布、灯光等来营造温馨、热情或神秘的氛围，增强表演效果。

朗诵和舞蹈的结合需要考虑到作品的主题和情感表达以及演员的表演技巧和风格，通过多种手段和方法来增强表现力，才能更好地展现作品的灵性和艺术感染力。

四、相辅相成：朗诵与戏剧艺术

朗诵与戏剧结合的表演形式也被称作"朗诵剧"。朗诵剧集朗诵、表演、舞台美术等多种艺术形式于一体，接近于戏剧表演，却不需要过于复杂的道具和布景，主要以语言为载体，通过演员的朗诵和表演展现出一个完整的故事情节或主题。在朗诵剧中，演员通常需要用声音、肢体和面部表情等方式来诠释角色的性格和情感，以带动剧情的发展。朗诵剧作为一种相对简单、朴素的表演形式，具有严谨的语言表达和深刻的思想内涵，体现了戏剧艺术中对语言和表演的高度要求，但与戏剧相比，朗诵剧一般比戏剧要短，也易于组织和表演。

将朗诵与戏剧结合还有一种更为简单亲民的形式，就是戏剧剧本诵读。经典的戏剧作品纵贯古今中外，是人类智慧的结晶，对观众来说也是非常好的文化熏陶。通过剧本诵读，可以让观众更加深入地了解剧本中的角色性格、情感和思想，更好地理解剧本所表达的主题和思想，同时也可以为一些戏剧爱好者提供一个展示自己朗诵技巧的机会，进一步丰富他们的文化生活。剧本诵读可选择的读本很多，其中国外的经典可以选择莎士比亚、易卜生、莫里哀系列，中国除了文学史上著名的剧作家曹禺、老舍、欧阳予倩之外，当代剧作家陈薪伊、姚远、罗怀臻等的作品也可选。

经典的戏剧独白，通常是关于人生、情感、价值等深刻的主题，通过朗诵可以帮助人们更好地理解和感受这些主题。《哈姆雷特》的独白在艺术上具有很高的成就，充分体现了莎士比亚戏剧艺术的特点，常常被单拿出来作为朗诵的选择文本。关于莎士比亚的剧本诵读也有着强大的艺术感染力。

哈姆雷特（节选）
〔英〕威廉·莎士比亚

生存还是毁灭，这是一个值得考虑的问题；

默然忍受命运暴虐的毒箭，或是挺身反抗人世无涯的苦难，通过斗争把它们扫个干净，这两种行为，哪一种更加高尚？

死了；睡着了；什么都完了；要是在这一种睡眠之中，我们心头的创痛，以及其他无数血肉之躯所不能避免的打击，都可以从此消失，那正是我们求之不得的结局。

死了；睡着了；睡着了也许还会做梦；嗯，阻碍就在这儿：因为当我们摆脱了这一具朽腐的皮囊以后，在那死的睡眠里，究竟将要做些什么梦，那不能不使我们踌躇顾虑。

人们甘心久困于患难之中，也就是为了这个缘故；谁愿意忍受人世的鞭挞和讥嘲、压迫者的凌辱、傲慢者的冷眼、被轻蔑的爱情的惨痛、法律的迁延、官吏的横暴和费尽辛勤所换来的小人的鄙视，要是他只要用一柄小小的刀子，就可以清算他自己的一生？

谁愿意负着这样的重担，在烦劳的生命的压迫下呻吟流汗，倘不是因为惧怕不可知的死后，惧怕那从来不曾有一个旅人回来过的神秘之国，是它迷惑了我们的意志，使我们宁愿忍受目前的折磨，不敢向我们所不知道的痛苦飞去？

这样，重重的顾虑使我们全变成了懦夫，决心的赤热的光彩，被审慎的思维盖上了一层灰色，伟大的事业在这一种考虑之下，也会逆流而退，失去了行动的意义。

真正的伟大不是轻举妄动，而是在荣誉遭受危险的时候，即使为了一根稻秆之微，也要慷慨力争。

相较于戏剧表演，戏剧文本的诵读不要求做到像表演那样的行动和演绎，但因为通常有较为激烈的矛盾冲突，需要诵读者加入适当的动作以贴合朗诵内容的人物情绪和对矛盾冲突的表达。尝试分角色朗读戏剧大师曹禺的代表作《雷雨》（节选），如果在诵读中需要加入的动作设计，可以在文中标记出来。

雷雨（节选）
曹　禺

周朴园：（看她关好窗门，忽然觉得她很奇怪）你站一站，（鲁妈停）你——你贵姓？

鲁侍萍：我姓鲁。

周朴园：姓鲁。你的口音不像北方人。

第三章 朗诵，创作语言艺术佳品

鲁侍萍：对了，我不是，我是江苏的。

周朴园：你好像有点无锡口音。

鲁侍萍：我自小就在无锡长大的。

周朴园：（沉思）无锡？嗯，无锡（忽而）你在无锡是什么时候？

鲁侍萍：光绪二十年，离现在有三十多年了。

周朴园：哦，三十年前你在无锡？

鲁侍萍：是的，三十多年前呢，那时候我记得我们还没有用洋火呢。

周朴园：（沉思）三十多年前，是的，很远啦，我想想，我大概是二十多岁的时候。那时候我还在无锡呢。

鲁侍萍：老爷是那个地方的人？

周朴园：嗯，（沉吟）无锡是个好地方。

鲁侍萍：哦，好地方。

周朴园：你三十年前在无锡么？

鲁侍萍：是，老爷。

周朴园：三十年前，在无锡有一件很出名的事情——

鲁侍萍：哦。

周朴园：你知道么？

鲁侍萍：也许记得，不知道老爷说的是哪

一件？

周朴园：哦，很远的，提起来大家都忘了。

鲁侍萍：说不定，也许记得的。

周朴园：我问过许多那个时候到过无锡的人，我想打听打听。可是那个时候在无锡的人，到现在不是老了就是死了，活着的多半是不知道的，或者忘了。

鲁侍萍：如若老爷想打听的话，无论什么事，无锡那边我还有认识的人，虽然许久不通音信，托他们打听点事情总还可以的。

周朴园：我派人到无锡打听过。——不过也许凑巧你会知道。三十年前在无锡有一家姓梅的。

鲁侍萍：姓梅的？

周朴园：梅家的一个年轻小姐，很贤惠，也很规矩，有一天夜里，忽然地投水死了，后来，后来，——你知道么？

鲁侍萍：不敢说。

周朴园：哦。

鲁侍萍：我倒认识一个年轻的姑娘姓梅的。

周朴园：哦？你说说看。

鲁侍萍：可是她不是小姐，她也不贤惠，并且听说是不大规矩的。

周朴园：也许，也许你弄错了，不过你不妨说说看。

鲁侍萍：这个梅姑娘倒是有一天晚上跳的河，可是不是一个，她手里抱着一个刚生下三天的男孩。听人说她生前是不规矩的。

周朴园：（苦痛）哦！

鲁侍萍：这是个下等人，不很守本分的。听说她跟那时周公馆的少爷有点不清白，生了两个儿子。生了第二个，才过三天，忽然周少爷不要了她，大孩子就放在周公馆，刚生的孩子抱在怀里，在年三十夜里投河死的。

周朴园：（汗涔涔地）哦。

鲁侍萍：她不是小姐，她是无锡周公馆梅妈的女儿，她叫侍萍。

周朴园：（抬起头来）你姓什么？

鲁侍萍：我姓鲁，老爷。

周朴园：（喘出一口气，沉思地）侍萍，侍萍，对了。这个女孩子的尸首，说是有一个穷人见着埋了。你可以打听得她的坟在哪儿么？

鲁侍萍：老爷问这些闲事干什么？

周朴园：这个人跟我们有点亲戚。

鲁侍萍：亲戚？

周朴园：嗯，——我们想把她的坟墓修一修。

鲁侍萍：哦——那用不着了。

周朴园：怎么？

鲁侍萍：这个人现在还活着。

周朴园：（惊愕）什么？

鲁侍萍：她没有死。

周朴园：她还在？不会吧？我看见她河边上的衣服，里面有她的绝命书。

鲁侍萍：不过她被一个慈善的人救活了。

周朴园：哦，救活啦？

鲁侍萍：以后无锡的人是没见着她，以为她那夜晚死了。

周朴园：那么，她呢？

鲁侍萍：一个人在外乡活着。

周朴园：那个小孩呢？

鲁侍萍：也活着。

周朴园：（忽然立起）你是谁？

鲁侍萍：我是这儿四凤的妈，老爷。

周朴园：哦。

鲁侍萍：她现在老了，嫁给一个下等人，又生了个女孩，境况很不好。

周朴园：你知道她现在在哪儿？

鲁侍萍：我前几天还见着她！

第三章 朗诵，创作语言艺术佳品

周朴园：什么？她就在这儿？此地？

鲁侍萍：嗯，就在此地。

周朴园：哦！

鲁侍萍：老爷，你想见一见她么？

周朴园：不，不，谢谢你。

鲁侍萍：她的命很苦。离开了周家，周家少爷就娶了一位有钱有门第的小姐。她一个单身人，无亲无故，带着一个孩子在外乡什么事都做，讨饭，缝衣服，当老妈，在学校里伺候人。

周朴园：她为什么不再找到周家？

鲁侍萍：大概她是不愿意吧？为着她自己的孩子，她嫁过两次。

周朴园：以后她又嫁过两次？

鲁侍萍：嗯，都是很下等的人。她遇人都很不如意，老爷想帮一帮她么？

周朴园：好，你先下去。让我想一想。

鲁侍萍：老爷，没有事了？（望着朴园，眼泪要涌出）老爷，您那雨衣，我怎么说？

周朴园：你去告诉四凤，叫她把我樟木箱子里那件旧雨衣拿出来，顺便把那箱子里的几件旧衬衣也捡出来。

鲁侍萍：旧衬衣？

255

周朴园：你告诉她在我那顶老的箱子里，纺绸的衬衣，没有领子的。

鲁侍萍：老爷那种纺绸衬衣不是一共有五件？您要哪一件？

周朴园：要哪一件？

鲁侍萍：不是有一件，在右袖襟上有个烧破的窟窿，后来用丝线绣成一朵梅花补上的？还有一件，——

周朴园：（惊愕）梅花？

鲁侍萍：还有一件绸衬衣，左袖襟也绣着一朵梅花，旁边还绣着一个萍字。还有一件，——

周朴园：（徐徐立起）哦，你，你，你是——

鲁侍萍：我是从前伺候过老爷的下人。

周朴园：哦，侍萍！（低声）怎么，是你？

作者曹禺在谈到《雷雨》写作意图时说，《雷雨》是在"没有太阳的日子里的产物"。"那个时候，我是想反抗的。因陷于旧社会的昏暗、腐恶，我不甘模棱地活下去，所以我才拿起笔。《雷雨》是我的第一声呻吟，或许是一声呼喊。"（《曹禺选集·后记》）在朗读的时候，揣摩角色心理和情绪的同时，也试着感受作者"借作品发泄着被压抑的愤懑"的心路历程。

【作品推荐】

《茶馆》 老舍

《我们的荆轲》 莫言

《阮玲玉》 刘锦云

《暗恋桃花源》 赖声川

《麦克白》 ［英］威廉·莎士比亚

《玩偶之家》 ［挪威］亨利克·易卜生

《伪君子》 ［法］莫里哀

《我的已故的公爵夫人》 ［英］罗伯特·勃朗宁

《天边外》 ［美］尤金·奥尼尔

《等待戈多》 ［爱尔兰］萨缪尔·贝克特

第四章

让阅读与朗诵点亮生活

第四章　让阅读与朗诵点亮生活

阅读是打开我们精神世界大门的钥匙，朗诵是将书面的文字作品转化为有声的语言的过程。阅读和朗诵看似是阳春白雪，却不意味着朗诵是高台教化、脱离大众的。在日常的生活中，阅读和朗诵都是非常有益的兴趣爱好，它不仅可以帮助我们提高语言表达能力、锻炼思维脑力、增强自信心，还可以陶冶情操、增进交流、丰富生活，扩大老年人的社交圈。家庭亲子共读，线下或线上的读书会，都是很好的亲子和社交活动，我们通过了解、学习和实践，将阅读和朗诵融入生活，也点亮生活。

第一节　家庭共读

亲子共读是指家长和孩子一起阅读、朗诵、分享和讨论书籍的活动。由老年人主导的亲子共读，对于祖孙两辈有很多益处，主要包括以下几个方面：

・培养祖孙感情：老年人主导亲子阅读，可以增强与孙子辈之间的互动和联系，加深彼此的感情。通过共同阅读，可以建立一种亲密的、信任的关系，有助于孩子的成长和发展。

・传递知识和经验：老年人具有丰富的生活经验和知识积累，通过亲子阅读，可以将自己的经验和知识传递给孩子，让孩子在轻松愉快的氛围中学习新知识。

・促进孩子的语言和认知能力发展：亲子阅读可以促进孩子的语言和认知能力发展。在阅读中，孩子可以学习新的词汇和表达方式，提高语言能力。同时，也可以帮助孩子拓展思维、提高创造力和想象力。

・增强孩子的情感体验：亲子阅读可以增强孩子的情感体验。在阅读中，孩子可以感受到故事中的人物情感和情节变化，从而增强自己的情感体验和情感表达能力。

・帮助孩子养成好习惯：老年人主导亲子阅读可以帮助孩子养成好的阅读习惯。通过坚持阅读，可以培养孩子的专注力和耐心，同时也可以让孩子从阅读中获得乐趣和启发。

总之，老年人主导亲子阅读可以带来多方面的益处，不仅可以培养祖孙感情，传递知识和经验，促进孩子的语言和认知能力发展，增强孩子的情感体验，还可以帮助孩子养成良好的阅读习惯。因此，建议家庭中的老年人可以适当地参与到亲子阅读中来，与孩子一起分享阅读的乐趣。

亲子共读是一种非常有益的家庭活动，让家庭成为一个充满阅读氛围和艺术氛围的温馨家园。在亲子共读之前，需要注意哪些问题呢？

首先，要选择适合孩子年龄和兴趣的书籍。孩子对于不同类型的书籍和故事会有不同的喜好，因此在选择书籍时需要考虑孩子的年龄、性格特点和兴趣爱好。对于较小的孩子，可以选择插图丰富、文字简单、内容生动有趣的图画书。目前，市面上还出现了一些类似于触摸书和声音书等图书可选择，可以帮助较小的孩子开发并提升感觉统合能力，包括视觉、触觉、听觉的全面提高。对于较大的孩子，可以选择适合他们阅读水平和兴趣爱好的书籍。当然，在选择的时候也需要考虑书籍本身描述的价值观和世界观是否符合孩子的年龄发展要求，尽量不要选择太难以理解的书籍，避免孩子出现排斥和拒绝。同时，还要考虑书籍本身是否有传达正确的思想，避免孩子误入歧途。在书籍的选择上，家长可以根据孩子的阅读水平和兴趣，进行适当的引导和帮助。

其次，要创造良好的阅读环境。阅读需要安静、安全、舒适的环境，可以选择安静的时间和地点，为孩子营造良好的阅读氛围。比如在家中设置一个专门的阅读角落，放置舒适的座椅、书架、灯具等，营造出一个适合阅读的氛围。

对于年龄较小的孩子，建议选择对脊背有帮助的桌椅，因为孩子还在发育的过程中，更符合人体工学的椅子能够在阅读的同时更好帮助孩子的脊椎正常发育。

对于年龄较大的孩子，可以更多考虑舒适性，比如选择一些柔软的沙发椅，能够培养沉浸式阅读的体验。在灯具的选择上，家长需要尽可能多的考虑孩子的视力问题，确保光亮强度合适、颜色适中，避免阅读对眼睛带来过度的压力。建议选择和孩子身高类似的书架，这样孩子可以看到所有的书籍，能更好地进行自我选择。

最后，学会引导孩子自我阅读。可以通过提问、鼓励和指导等方式引导孩子进行阅读，帮助孩子理解和分析书中的内容，提高孩子的阅读能力。在阅读过程中，家长可以和孩子一起探讨书中的内容，引导孩子思考和表达自己的看法，鼓励孩子进行自我分享和交流，畅所欲言。在孩子表达自己的观点时，不要轻易打断或者否定，如果孩子有非常强的自我意识，要鼓励他开展更深层次的思考，如果孩子的思考方向和预想的不完全一样，可以温柔的进行引导，不要强行干预，避免孩子失去兴趣。在每一次的阅读过程中，不针对每次阅读的讨论方向和命题进行预设，更多的设立一些开放性的问题和方向，引导孩子多进行自我思考和判断。引导孩子阅读除了使用语言沟通的方法，也可以通过身教的方法。

做好以上准备，就可以展开亲子共读了。亲子共读可以增强家庭亲密度和孩子的阅读兴趣和能力，尤其是在孩子年龄较小的时候，亲子阅读可以带动孩子进入书籍这个知识的海洋，极大地提升孩子对于阅读的兴趣。在大部分家庭里，可以采用以下这些较为常见的方法：

1. 交替朗读

家长和孩子轮流朗读故事或文章，并进行讨论和分享。交替朗读可以增加孩子的兴趣点，避免长时间阅读带来的枯燥和乏味。在朗读的过程中，如果存在角色和人物，可以通过改变声音的音调和语速，鼓励孩子进行角色的扮演，这样能更好的理解书籍的内容，更为沉浸地体验角色。

2. 联想游戏

在阅读过程中，可以与孩子进行联想游戏，让孩子通过联想来提高思维能力。

简单的联想游戏可以是种类的联想，也可以是关系的联想。比如当看到猫头鹰时，还会想到其他什么动物？或者是阅读到描述大海时，可以想象如果身临其境，会听到什么样的声音，会有什么样的触感？

复杂的联想可以是更多观点或者历史的联想，比如当阅读到郑和下西洋时，还会想到历史上还有谁曾经去探索过除了中国之外的其他地方？以及除了中国，别的国家历史上还出现过哪些伟大的探索家，发现了哪些神秘的地域和文化？这些联想游戏，不仅激发了孩子的思考，还能帮助孩子增强知识的连通性，形成知识体系。

3. 提问互动

家长可以在阅读过程中提问，引导孩子思考、分析和总结，提高孩子的阅读理解能力。

提问需要讲究技巧和方向，在阅读的初期，可以尽可能提出一些较为简单的问题，比如人物（动物）之间的关系或者人物之间的情绪。随着孩子的年龄增加，可以适当增加提问的难度，比如如果孩子自己是书中的人物，会进行什么样的判断和选择等。

当然，也要鼓励孩子对家长进行提问，提问是一个很好的理解内容的过程，只有能提出问题才代表孩子完成了阅读并开始理解内容。

4. 制作阅读日记

孩子可以在阅读过程中记录自己的感受和体验，形成阅读日记，这有助于孩子总结和巩固所学的知识和技能。提倡老人和孩子一起进行阅读记录，不仅能加强对于内容的记忆能力，也能鼓励孩子在书写的过程中进行第二次的自我思考。同时，记录能够帮助孩子建立体系化的内容，通过记录和整理，可以把更丰富的知识拆解开来，真正影响到孩子的认知和体会。

对于学龄前的孩子，亲子阅读可以选择绘本、画册类型的读物，较大的已经有一定识字量的孩子，可以和他一起共读一些地理、历史、科学类的读物，既能开阔孩子的视野，也能激发孩子的学习兴趣。总之，带孩子阅读和进行亲子共读是一项需要耐心和技巧的任务，需要家长和孩子共同努力。这不仅可以提高孩子的综合素质和竞争力，还可以让孩子更加快乐和自信地成长。

【作品推荐】

《怪叔叔》 李瑾伦

《讲给孩子的二十四节气》 刘兴诗

《水獭先生的新邻居》 李星明

《最美最美的中国童话》 汉声杂志社

《为爱朗读》 ［美］爱丽丝·奥兹玛

《我不再恐惧》 ［美］梅瑟·迈尔

《神奇校车》　［美］乔安楠·柯尔

《我可以撒谎吗》　［法］碧姬·拉贝/埃里克·加斯特

《好和坏，是什么》　［法］奥斯卡·柏尼菲

第二节　线下共读活动

读书活动可以为人们提供一个深入探讨和学习知识的平台，通过阅读与朗诵、分享和讨论，可以帮助参与者更好地理解和消化所读的书籍内容，促进新知识的学习和应用。通过参加读书活动，人们可以接触到不同类型、不同主题的书籍，从而开拓思维，拓展知识面，提高自己的思维能力。

读书活动可以让人们更积极地阅读，对于提高读书兴趣和培养阅读习惯有很大的帮助。在活动中加入一些互动和讨论，设计一些经典作品与段落的朗读会，能够使参与者更快投入其中。人们相互交流、分享和学习，在这个过程中，能够结交新朋友，这对于人际关系的拓展有很大的帮助。

本节内容着重讲解读书活动的设计与组织实践。

一、活动种类

以社区或团体为范畴的线下读书活动有很多种类和形式，以下是几种常见的活动种类。

· 读书俱乐部：读书俱乐部通常由几个人组成，每个月一起阅读一本书，然后在一个指定的时间和地点聚在一起讨论这本书。这种形式可以选择同样感兴趣的人组成小组，共同探讨和分享对书籍的理解和感受。

· 朗读会：朗读会是一种针对某个特定书籍的集体诵读活动，通常由数人或数十人组成，每个人轮流诵读书中的部分内容，并就书籍内容进行讨论和交流。这种形式可以促进参与者的沟通和合作精神，同时也可以增加对书籍内容的理解和对文学艺术的欣赏。

· 读书会/读书沙龙：读书会通常是由一个或多个主持人组织，邀请社区内或专业领域的人士来分享一本书的内容、观点和想法。读书沙龙则是邀请专家或名人发表演讲，并围绕书籍进行深入讨论。

· 绘本故事会：绘本故事会是一种适合儿童的图书诵读活动，普遍受到孩子们的喜爱。通常采用魔幻或奇幻类的绘本书籍，由故事讲述者讲解书籍内容，然后引导儿童进行诵读和表演。

· 阅读马拉松：阅读马拉松通常是一个持续一整天或数天的阅读活动，以各种方式鼓励人们阅读。它可以是一个长时间的个人阅读，也可以是由少数人组成的小组阅读，还可以是赞助商提供奖金以激励参与者接受更多的挑战。

二、活动筹备

组织读书活动需要从以下几个方面进行筹备。

1. 确定活动主题和人群

发起者依据读书活动的目的或参与人群的特点和兴趣来确定活动主题，明确参与的人群范围，这样可以更有针对性地进行活动设计，提供活动服务，如果需要吸引更多的参与者，主题的设置就更为关键。

2. 策划和拟定活动内容与流程

需要根据活动目的和主题，策划合适的活动内容，拟定活动流程，包括主持人介绍、嘉宾演讲、读者分享、共读环节、小组讨论、提问互动等，以确保活动达到预期的效果。如果希望活动更有吸引力，还要考虑是否需要设置一些创新环节或参与奖励。

3. 确定活动时间和地点

需要选择一个合适的时间和地点，确保活动场地和时间能够满足参与人群的需求。

4. 安排活动人员和分工

需要确定活动的主办方、主持人、嘉宾、读者、工作人员或志愿者等人员，并明确各自的分工和职责，以确保活动的顺利进行。较为正式的有明确目标的活动，工作流程与分工安排最好能够有正式的文件落实，以确保各项工作能够责任到人，有序推进（见表1）。

表1　线下活动组织分工筹备表

活　动　主　题				
责任项	筹备内容	时间节点	负责人	备注
总负责人	协调分工，提醒进度			
设计制作	制作邀约海报以及现场需要的背景招贴等			
文案准备	负责邀请函、主持稿的撰写			
人员邀约	邀约参与人员，统计进度			
物品准备	统计、采购、管理活动所需要的物品			

续表

责任项	筹备内容	时间节点	负责人	备注
交通服务	对接当天的交通服务，如接送嘉宾、解释路线、解决停车等事宜			
现场设备	负责现场技术设备的调试与控制			
摄影	拍摄现场花絮及合影			
摄像	全程拍摄或选择性拍摄			
主持	推进流程、活跃气氛			
现场服务	关注参与者的需求			

（注：可按需求删减责任项）

5. 宣传和邀请参与人群

参与人群可以由邀约和招揽两种方式组成。无论哪种方式，都需要制作简单的邀请文案或招贴，在各种渠道进行宣传和邀请，比如通过社交媒体、电子邮件、短信、海报、传单等方式，向社区居民、专家等发出邀请，吸引更多人参与。

6. 确定活动物资和设备

需要准备必要的物资和设备，比如书籍、文具、投影仪、音响设备、话筒等，以确保活动的顺利进行。具体需要的物资以活动规模和目标为依据来进行安排。

7. 做好活动风险控制和安全保障

在筹备期需要做好活动风险控制和安全保障，对于一些容易造成活动延误和意外的情况要有紧急预案，必要时还要进行演练，如准备医疗急救包、确保场地安全等，风险预案需要以活动规模和形式进行评估。

总之，组织读书活动需要从目的、主题、时间、地点、宣传、内容、物资、人员、风险控制等方面进行全面筹备，以确保活动的顺利进行和达到预期的效果。

三、作品选择

选择适合图书诵读活动的图书，需要考虑到以下几个方面。

1. 主题性

在选择图书时可以考虑到主题性，选择那些有一定探讨、表达或交流的内容。可以围绕共同的喜好，比如某位作者的作品分享会，或是围绕某种文化潮流、价值观，如环保、科技主题等，或共同的兴趣，比如诗歌朗诵会、经典品读会等，都有较高的可读性和参与性。

2. 适合受众

在选择图书时也需要考虑到受众群体的特点和喜好，根据不同的读者需求来选择图书。比如，针对儿童的图书诵读活动可以选择有趣、生动、想象力丰富的绘本、童话故事等；针对青年人的图书诵读活动可以选择充满时代感和探讨性的文学作品；而对于中老年人，则可以选择一些历史、人文、社会科学类的图书。

3. 难易适度

在选择图书时，也需要注意难度的考量。如果选择的书籍过于简单，可能会让读者觉得无趣；如果难度过大，可能会使读者感到有所抵触。在选择图书时，需要注意控制难度，保证它不仅具备挑战性，同时也要让读者有获得感，最终选择的图书应该能够激发读者的兴趣和积极性，引导他们积极参与到诵读和交流中来。

4. 活动场地选择

选择读书活动的场地，通常要考虑以下几个因素。

・位置：场地的位置是否方便与会者到达，公共交通是否便利，停车位是否充足，停车成本是否适宜。

·空间大小和灵活性：场地的空间大小和容量应该根据活动规模和类型进行选择。同时，场地应该具有灵活性，能够满足不同类型活动的需求，如会议、展览、培训等。

·餐饮及设施服务：场地提供方应该提供符合活动需求的设施服务，如音响投影设备等，如果需要用餐或茶歇，是否能提供配套服务。

·价格和价值：场地的价格应该在合理范围内，综合对比租金、场地设置、设备设施等因素来决定最终使用场地。同时，场地提供方应该具有经验丰富、能积极协调并解决问题的人员。

选择一个安静、舒适、能够容纳参与人数的场所是很重要的。如果作为小范围的社交共读活动使用场所，出于成本考虑，希望选择方便且成本低廉的空间，那么也可以尝试在以下一些场所举办读书活动。

（1）家中客厅

如果空间面积允许，家中客厅也非常适合组织读书活动。在家中举行小型读书活动条件会更为便利，氛围更加轻松，这可能面向更为亲密的社交圈，如家人、同学、朋友或成立了一段时间的共读小组。

(2)咖啡厅

许多咖啡厅会提供安静、温馨、舒适的环境，是一个理想的聚会场所，也可以组织读书俱乐部或定期的读书聚会。

(3)公园

如果天气允许，公园可以给人提供一种轻松自由的感觉，同时还能享受阳光、空气和大自然，这对于读书来说是非常好的，特别是在进行户外讨论时。

(4)社区中心

社区中心通常有现代化的会议室和设备，可以预订并使用这些场所。这些场所通常拥有较大的容纳空间，可以满足不同规模的读书活动的不同需求。

(5)图书馆

图书馆是一个非常适合组织读书活动的地方，因为它提供了安静和有利于阅读的环境。此外，图书馆通常拥有一个大型的会议室或者教室，可以在那里组织讨论小组或课程。

前文提到的筹办阅读会的方法，试着在家中或社区组织一场小型的朗诵会或共读会。可以先从3~5人做起，在组织沟通过程中感知大家对阅读会主题和方式的偏好，活动结束后收集大家的感受。

第三节 线上读书会

线上读书会是一种通过互联网平台和社交媒体等工具，进行阅读材料分享、阅读笔记、讨论和问答等活动的读书交流方式。它是一种数字化的阅读和学习体验，可以随时随地参与，不受时间和地域限制。相较于传统读书会，举办线上读书会有以下几个优势。

・时间、空间更自由：线上读书会不受时间和空间的限制，参与者可在任何时间、任何地点参加活动，方便灵活。

・提高参与度：线上读书会可通过互联网络技术，吸引更多读者参与，同时为读者提供一个更舒适、更随意的环境，使其更容易展示自己的观点和想法。

・降低成本：线上读书会不需要租用场地、聘请主持人、购买餐饮等费用，可大大降低成本。

・方便记录和分享：线上读书会可通过文字、语音、视频等形式记录，读者可以根据自身消化能力进行回放和学习，也方便与其他人分享阅读体验。

・拓展读者范围：线上读书会可以吸引更多不同地区、不同文化层次的读者参与，扩大参与途径和范围。

・环保节约：线上读书会无须印刷材料，较好地实现了环保节约。

・便于互动交流：线上读书会利用视频、语音、文字等互动平台，大家可以在同一平台上进行交流和互动，讨论更直接、更灵活。

相较于传统的读书会，线上读书会更加自由便捷，并且通过线上平台还可以扩大参与者的范围，实现更高效、更广泛的阅读和学习。组织线上读书会，在活动筹备上与线下活动有相同的部分，在主题确定、活动宣传方面，线上活动与线下活动基本一致，但在参与方式上，也有需要额外注意的部分。

1. 参与方式

线上读书会可以选择线上会议平台，如腾讯会议、钉钉或其他线上会议软件；人数较少、时长较短的共读活动也可以选择群聊内的在线视频方式。最终需要根据读者的情况和需求来确定最适合的参与方式，确保活动的顺利进行。

2. 设备环境

线上活动需要的设备相对简单，每位参与者使用手机即可加入。活动的举办者最好使用电脑进行会议管理，因为作为管理者需要进行的操作相对复杂，如共享屏幕、主持发言、指定发言和禁言等，这些工作通过电脑操作更加方便。

相较于线下活动，线上活动最需要注意的环境条件是网络环境，要确保活动当天，组织管理者的网络全程畅通，还要通知参与者注意各自的网络环境、流量情况并确保手机电量充足。

3. 流程控制

线上共读与线下活动最大的差异在自由发言阶段，如果像线下活动那样，大家自由随意发言，很可能造成一片混乱的局面。因此如果是共读，需要提前确定好读书的顺序。在分享环节里，可以引导大家利用软件里的"举手"功能进行发言，主持人时刻关注大家的需求，进行必要的引导、提醒，有时候为了维护秩序，可能还要使用"禁言"等功能。

要拟定明确的线上活动流程，对时间有明确的把控，让大家清楚在各时段要进行的内容，确保大家做好准备（见表2）。线上活动的过程控制比较考验组织者的操作熟练度,在正式活动开始前,主要的负责人和发言人最好提前进行演练,确认好每个人的设备是否安装调试完成、网络是否畅通、声音是否顺畅、音量是否合适,也要确认好共享的文件声音和画质等。

参考以上建议,尝试组织一场线上共读活动,从三五个人做起,时间不要过长,要重视大家对于阅读作品的交流,思考如何让大家更乐于分享。活动后充分吸取参与者的意见与建议,看是否有可能坚持做成周期性共读活动。

表2 线上活动流程及分工表

活 动 主 题				
时间计划	时长	内容	执行人	备注
线上集合时间点	签到时长	签到时段		
活动开始时间点	开场时长	开场		
活动环节1时间段	环节时长	活动环节1		
活动环节2时间段	环节时长	活动环节2		